台大教授的論語課

下

周志文——著

目錄

卷六

先進第十一

先進篇：共二十五章。此篇多評弟子賢否。胡寅曰：「此篇記閔子騫言行者四，而其一直稱閔子，疑閔氏門人所記也。」

11.1

子曰：「先進於禮樂，野人也；後進於禮樂，君子也。如用之，則吾從先進。」

【注釋】

1先進、後進：先進，指孔子之前輩；後進，指孔子之晚輩。
2野人：喻質樸無文。
3君子：指文質彬彬。《雍也》篇6.16：「質勝文則野，文勝質則史。文質彬彬，然後君子。」
4如用之：如有機會實施禮樂之制。

【語譯】

老師說：「先進一輩，在禮樂方面質樸無文，看起來像個野人。後進一輩，在禮樂上文質彬彬，就像個全德的君子了。不過我若有機會來做禮樂的事，我還是比較想要跟隨先進一輩呢。」

【講析】

此先進、後進，歷來說法紛紜。有指五帝或三皇說的，有指殷以前、周初說的，也有指周初與春秋時說的，都不允恰。朱子言：「先進後進，猶言前輩後輩。」不限定時間，反而比較說得通。可指孔子的先輩或後輩，亦可指孔門弟子中的先輩與後輩。《先進》篇記錄孔門弟子者多，謂此章專指孔先後弟子在禮樂認識之差異，亦無不可。但從文末「吾從先進」看，此章所謂先進，宜指孔子之前輩，後進指孔子之晚輩為宜。孔子對時賢雖無負面批評，但似覺得虛文過多，已不如野人之質樸可愛，故有此感嘆。程頤於此說的極好，曰：「先進於禮樂，文質得宜，今反謂之質樸，而以為野人。後進之於禮樂，文過其質，今反謂之彬彬，而以為君子。蓋周末文勝，故時人之言如此，不知其過於文也。」

11.2

子曰：「從我於陳蔡者，皆不及門也。」德行：顏淵，閔子騫，冉伯牛，仲弓。言語：宰我，子貢。政事：冉有，季路。文學：子游，子夏。

【注釋】

1 **從我於陳蔡者，皆不及門也**：當年跟我在陳、蔡兩地奔走的弟子，目前都不在門下了。孔子在魯哀公六年（489 B.C.）時，曾在陳、蔡「絕糧」，過了一段苦日子，當時跟隨左右的，大多是孔門前輩弟子。

2德行：顏淵，閔子騫，冉伯牛，仲弓：德行傑出的有顏淵、閔子騫等四人。此語以下，非孔子親言，為弟子所附記，若孔子所言，當直呼其名，不當稱字。

3言語：辭令之屬。

4政事：政治事務。

5文學：詩禮文章皆屬，包括今天說的文學，比較接近習慣所說的學問。

【語譯】

老師說：「當年跟我在陳、蔡一起落難的那群學生，現在都不在門下了。」以德行著稱的有：顏淵，閔子騫，冉伯牛，仲弓。以言語辭令著稱的有：宰我，子貢。以熟於政事著稱的有：冉有，季路。以嫻雅文學著稱的有：子游，子夏。

【講析】

此章孔子言，是晚年歸魯之後所說。而「四科」德行、言語、政事、文學應為後記者所補。但其中亦有問題，譬如子游、子夏確實長於文學，但孔門之中屬於後進，也未從夫子於陳、蔡，置此似有不宜（子游少孔子四十五歲，子夏少四十四歲，困於陳、蔡時，孔子六十三歲，而二子僅十五六歲，自不能有文學之稱譽）。假如孔門「四科」，不以隨夫子於陳、蔡者為限，孔門之賢，尚不只此數，可見有所遺漏，程顥曰：「四科乃從夫子陳、蔡者爾，門人之賢者固不止此。曾子傳道而不與焉，故知『十哲』世俗論也。」其實如上述，游、夏當時即未及門。

王夫之於《四書訓義》中對此章有很深的感懷，以為此章不及門之嘆，孔子實為斯道傷，亦為諸子傷也，曰：「夫子於歸魯之後，思已事而嘆曰：吾向者阨於陳、蔡矣，其遇雖窮，而從我偕游者猶盛也。道窮於天下，而不窮於吾徒，吾奚病哉！乃今已夭者夭矣，仕者適於他國，而學者各歸以分教，皆不及門也。吾將誰與為徒，而二三子得無有離群索居而道不進者乎？嗚呼！死者已矣，其存者能勿眷眷予懷乎？逮其後兩楹之夢，唯子貢聞之，而諸子三年築室，徒依依於丘隴，而鮮能裁成其偏至之學，以歸於美大。則夫子之嘆，非但自傷，亦為二三子傷也。」此說可供參考。

11.3

子曰：「回也非助我者也，於吾言無所不說。」

【注釋】

1 非助我者：對我無所助。一般人因疑問而有以相長也，而顏回聞言即解，默識心通，無所疑問，故亦無可啟發增益於己。

2 無所不說：說同悅。

【語譯】

老師說：「顏回，對我而言可說沒有幫助的，他對我說的所有，幾乎無所不悅的誠心接受。」

【講析】

孔子言顏回無助於己，其辭若有憾，實乃深喜。

11.4

子曰：「孝哉閔子騫！人不間於其父母昆弟之言。」

【注釋】

1 **孝哉閔子騫**：閔損，字子騫，孔子弟子。《論語》記孔子言及門弟子皆直呼其名，此處稱其字，更有一章稱之為閔子，明顯是記者之誤。

2 **間**：無異辭。

【語譯】

老師說：「閔損真是個孝順的人啊！他父母兄弟都稱他孝友，大家對此一點異辭都沒有。」

【講析】

此章評論閔子騫之孝。但孔子稱其字而非稱其名，顯然不合理，是否出自孔子親言，或弟子所記有誤，都有可能。

11.5

南容三復〈白圭〉，孔子以其兄之子妻之。

【注釋】

1 三復白圭：再三複誦「白圭之玷，尚可磨也；斯言之玷，不可為也」之詩。可見潔身自愛又謹言慎行如此。詩見《詩．大雅．抑》。

2 以其兄之子妻之：事亦見《公冶長》篇 5.1。

【語譯】

南容屢次複誦《詩．大雅．抑》的〈白圭〉之篇，孔子認定他是個潔身自愛又謹言慎行的人，便作主將姪女嫁了給他。

【講析】

《公冶長》篇 5.1 記：「子謂南容，『邦有道，不廢；邦無道，免於刑戮』」，能見用於治朝，又免禍於亂世，可見謹慎，此章則強調南容不容「斯言之玷」，可見道德操守也極高明，孔子許之，是有道理的。

11.6

季康子問：「弟子孰為好學？」孔子對曰：「有顏回者好學，不幸短命死矣！今也則亡。」

【語譯】

季康子問：「你弟子之中，哪個是好學的呀？」孔子恭謹回答說：「有顏回是好學的，不幸短命死了，現在就沒了。」

【講析】

此章與《雍也》篇6.2答哀公問相似，但一稍詳，一稍簡。范祖禹言：「哀公、康子問同而對有詳略者，臣之告君，不可不盡。若康子者，必待其能問乃告之，此教誨之道也。」言之有理，但也不可盡信。問者與記者不同，容或有差異。

依《論語》前十篇體例，孔子答定公、哀公之問，皆用「孔子對曰」，答季康子、孟懿子、孟武伯，因輩分較低，但用「子曰」，本章答季康子問，竟用「孔子對曰」，後《顏淵》篇12.17也有答季康子問，亦用「對曰」，顯然體例有變。其實前面是對的，後面的錯了。「後論」（《論語》的後十篇）在體例上確實有點亂。

11.7

顏淵死，顏路請子之車以為之槨。子曰：「才不才，亦各言其子也。鯉也死，有棺而無槨。吾不徒行以為之槨。以吾從大夫之後，不可徒行也。」

【注釋】

1 **顏路**：顏回父，少孔子六歲，亦孔門弟子。

2 **請子之車以為之槨**：請夫子賣了車子來幫顏回做棺外之槨。槨，外棺。古代考究的埋葬，講求內棺外槨。

3 **才不才，亦各言其子也**：才，指顏回。不才，只指自己的兒子孔鯉。言不論才與不才，兩人都是你我的兒子，都該一樣重視。

4 **鯉**：孔子兒子，字伯魚，先顏回而死。

5 **徒行以為之槨**：以車換槨，則只有徒行了。

6 **吾從大夫之後**：孔子是時已致仕，不在位，但依然得循大夫之禮，不可徒行。從大夫之後，謙辭。

【語譯】

顏淵死了，他父親顏路請求孔子賣了車子，幫顏淵做一棺外之槨。孔子說：「我們就不論死者的才與不才吧，都是我們親生的兒子。我兒子孔鯉死時，也只有棺而無槨，我並不賣了車而徒行來替他做槨。因為我也是從大夫之後，依禮出門是不可徒步而行的呀。」

【講析】

此章顏路請孔子賣車事，歷來頗有爭議，事實真相，也難還原。孔子拒絕的理由是自己為大夫之後不可無車徒行，這是禮，再加上孔子的車子是諸侯所賜之「命車」，胡寅說：「命車不可以與人而鬻諸市也。」當然都是理由，但也許只是推託之辭，最大的理由，可能是反對後世喪事弄得越來越鋪張，已失去設禮的原意，嘗言：「禮，與其奢也，寧儉；喪，與其易也，寧戚。」（《八佾》篇 3.4）孔鯉死後是徒棺而無槨的，就是明證。

11.8

顏淵死。子曰：「噫！天喪予！天喪予！」

【注釋】

1 噫：傷痛聲。

2 天喪予：上天讓我死了。此喪是悼己道無傳，如天喪己也。

【語譯】

顏淵死了。老師說：「啊，是天要我死了吧！是天要我死了吧！」

【講析】

顏淵死，孔子極其沉痛，甚至到哀毀失態的地步，此記可以看出。

11.9

顏淵死，子哭之慟。從者曰：「子慟矣。」曰：「有慟乎？非夫人之為慟而誰為！」

【注釋】

1 慟：哀過也。過分的哀傷。

2 夫（ㄈㄨˊ）人：此人，指死者。

【語譯】

顏淵死了，老師弔喪時哭得很傷心。跟隨的人說：「老師過哀了。」老師說：「真過哀了嗎？不為這個人，還有誰值得我這樣呢？」

【講析】

此章的描寫極傳神，傳神在細節。人陷於最大的哀痛之中，往往是覺察不到的，覺察到的常是他人，所以此章有「從者曰」的出現；等到別人提醒，自己起初還懷疑；故有「有慟乎」三字，最後才猛然驚覺。「非夫人之為慟而誰為」，一方面說給別人聽，一方面說給自己聽，好讓這明顯有些失態的行為有個可以自信的理由。短短幾個字，卻有三個轉折，描寫情動於衷，不可已之態，十分感人。胡寅言：「痛惜之至，施當其可，皆情性之正也。」正與不正，有其他論述可發展，徒以文學而言，此章所記，已是極高成就。

11.10 顏淵死，門人欲厚葬之，子曰：「不可。」門人厚葬之。子曰：「回也視予猶父也，予不得視猶子也。非我也，夫二三子也。」

【注釋】

1 **門人欲厚葬之**：孔子門人打算厚葬顏淵。

2 **不可**：朱注：「喪具稱家之有無，貧而厚葬，不循理也，故夫子止之。」

3 **回也視予猶父也，予不得視猶子也**：顏回視我若父，但我不得視之為子。言孔子不能以葬自己兒子孔鯉的方式阻止其門人厚葬顏回。

4 **夫二三子也**：是他們的緣故。二三子，指主張厚葬的門人，應該也包括顏淵的父親顏路。

【語譯】

顏淵死了，門人同學想厚葬他，老師說：「不可的。」但門人還是厚葬了顏淵。老師說：「顏回呀，他視我如父，而我卻不得視他為兒子。這不是我主張要做的，是他們幾個人要做的呀。」

【講析】

顏家貧窮，人死雖悲哀，但厚葬極耗人力與錢財，必須靠借貸以謀（見此章 11.7「顏路請子之車以為之槨」），不切實際，也不合人情。子曰：「禮，與其奢也，寧儉；喪，與其易也，寧戚。」（《八佾》篇 3.4）由此數章看來，孔子雖崇禮，卻不過分，更不主張厚葬。但有趣的是孔子已堅決的說「不可」了，門人卻不聽孔子的，還是厚葬了顏淵，可見門人雖尊敬孔子，卻不見得對孔子言聽必從，又不知道買槨的錢最後是由誰出的。

還有一問題須討論，此篇連續五章言及顏淵死事，以本篇之次序為：11.6、11.7、11.8、11.9、11.10。

如以事情發展先後，應以 11.8 孔子初聞顏回死訊哀慟逾恆，不禁動情緒的說「天喪予」為最先，然後為 11.9「顏淵死，子哭之慟」，哭為弔喪，弔喪自在初聞之後；其次應是 11.7「顏淵死，顏路請子之車以為之槨」所記，顏路與孔子商量請孔子賣車以為顏淵置槨，但遭孔子拒絕，再後為 11.10 記門人欲厚葬顏淵，孔子雖強烈表明不可後仍然厚葬了他。事情沉澱一段時日後，一天季康子問孔子「弟子孰為好學」，孔子答以顏回已死「今也則無」，所以 11.6 雖排在最前，以事實言，應為最後。

還有前面明明顏淵已死，卻在同樣《先進》篇的 11.22 有「子畏於匡，顏淵後」的紀錄，顏淵還活得好好的。像這樣的事，《論語》多次出現，由此看出《論語》的篇章次第，其實有很大問題在的。古人並非沒有察覺，只是過於「崇聖」（其實也是一種偶像崇拜），對有「聖經」地位的《論語》不敢輕言懷疑，明知有問題，卻也不談它，更不敢改它，即便只是前後次序的問題。

11.11

季路問事鬼神。子曰：「未能事人，焉能事鬼？」「敢問死」。曰：「未知生，焉知死？」

【注釋】

1 敢問：鼓起勇氣以提問。通常晚輩提問，表示禮貌時用。

【語譯】

子路問要如何事奉鬼神。老師說：「不能把人事奉好，怎麼能去事奉鬼呢？」又問：「人死後會如何。」老師說：「生都還沒弄清楚，怎會要去知道死呢？」

【講析】

鬼神的事，其實是依據人的行為的想像，所以要知鬼神的事，得先從了解人事開始。本章有另個含意是：人能將事人之事做得周全，就能談事鬼了；人能將生的事充分了解，就能了解死的意義了。也就是視幽明死生為一體，就如晝夜晨昏是一體一樣的，但要緊的是先將事人與生的道理弄清楚。程頤曰：「晝夜者，死生之道也。知生之道，則知死之道，盡事人之道，則盡事鬼之道。死生人鬼，一而二、二而一者也。或言夫子不告子路，不知此乃深告之也。」此說或可補充。

另一層意義是，生死是兩回事，生活中有許多未解的問題，應好好設法去解決，根本無暇去思考死後之事，鬼神的事則更為綿邈，思之無益，不如不思。

11.12

閔子侍側，誾誾如也；子路，行行如也；冉有、子貢，侃侃如也。子樂。「若由也，不得其死然。」

【注釋】

1 **閔子侍側**：閔子與其他同學陪在一旁。閔子或說子下脫一騫字。也有一說，是此章為閔氏弟子所記，故直稱閔子。

2 **誾誾如**：中正貌。

3 **行（ㄏㄤˊ）行如**：剛強貌。

4 **侃侃如**：和樂貌。

5 **子樂**：皇侃《論語義疏》本樂下有曰字，應補。洪興祖更認為此樂字乃曰字之誤。

6 **不得其死**：不得善終。

【語譯】

閔子騫侍奉在側時，一派中正和平的氣象；子路則一副剛強之氣；冉有、子貢就和樂許多，老師都很高興。但卻憂心的說：「像仲由這樣，我真擔心他不得善終呢。」

【講析】

孔子與弟子在一起，氣氛和樂愉悅，可用「子樂」兩字涵括，但子路就是在最該輕鬆的時刻也不改緊張，依然顯示其剛強之貌，孔子也深以為憂，最後一句，乃孔子深憂，絕不是詛咒之語。後子路卒死於衛孔悝之難，可謂不幸而言中。

11.13

魯人為長府。閔子騫曰：「仍舊貫，如之何？何必改作？」子曰：「夫人不言，言必有中。」

【注釋】

1為長府：改建長府，長府，府名，藏貨財之所曰府。

2仍舊貫：照舊制。仍，因也。貫，事也。

3夫人：此人。

4言必有中：言必中乎道。

【語譯】

魯人想改建藏貨財的長府。閔子騫說：「已有長府了，照舊使用有什麼不好，何必改建呢？」老師說：「這個人不說話便罷了，一說就說中道理了。」

【講析】

魯已有藏寶之長府，無論為何種理由要改建，都是勞民傷財的事，閔子騫認為是不急之務，孔子嘉許他言必有中，表明自己也不贊成改建。

11.14

子曰：「由之瑟奚為於丘之門？」門人不敬子路。子曰：「由也升堂矣，未入於室也。」

【注釋】

1瑟：古彈撥樂器，有弦有柱，似琴。

2升堂，入室：喻入道有深有淺，但都算入道了。堂指大廳，室指大廳後的內室。

【語譯】

老師說：「像仲由這種鼓瑟方式，怎麼會在我門下呢？」門人聽了老師批評，就不尊敬子路了。老師又說：「你們不要瞧不起他，仲由已升堂了，只不過還沒入室罷了。」

【講析】

子路鼓瑟，可能依然不改其剛強之聲，不能達到中和之境，孔子想用激語糾正他，門人因而不敬子路。其實在孔子眼中，子路可取處多過不可取，是他極愛惜的弟子。升堂入室，指的是入道的次第與程度，在孔子眼中，子路之學，已達到正大高明之域，只是尚未進入精微幽深之地步，是不可因此而抹煞一切的。

11.15

子貢問：「師與商也孰賢？」子曰：「師也過，商也不及。」曰：「然則師愈與？」子曰：「過猶不及。」

【注釋】

1師：即子張，名顓孫師。

2商：即子夏。

3愈：勝也。

【語譯】

子貢問：「顓孫師與卜商二人誰更賢呀？」老師說：「顓孫師往往超過，而卜商往往不及。」子貢因而判斷說：「這麼說來，該是顓孫師稍勝了。」老師說：「過與不及是一樣的。」

【講析】

譬如射箭，以中鵠的為準，過與不及都有偏失。

11.16

季氏富於周公，而求也為之聚斂而附益之。子曰：「非吾徒也。小子鳴鼓而攻之，可也。」

【注釋】

1季氏富於周公：季氏比周公尚富，朱注：「周公以王室至親，有大功，位冢宰，其富宜矣。季氏以諸侯之卿，而富過之，非攘奪其君、刻剝其民，何以得此？」

2求也為之聚斂而附益之：冉有為季氏宰，又為之急賦稅而增益其富。

3非吾徒也：不是我的學生。

4小子鳴鼓而攻之：諸同學可聲其罪而討之。小子，稱親近之晚輩。鳴鼓，擊鼓揚聲也，表示攻擊，古代軍隊進攻時多擊鼓。攻，攻擊討伐。

【語譯】

季氏比周公還富，而冉求還為他急賦稅而增其富。老師說：「他已不是我的學生了！各位可以對他鳴鼓攻擊了。」

【講析】

孔子對冉求說：「非吾徒也」是最重的話，等於江湖上割袍斷義，有決絕的含意了。義利之辨、君子小人之別、天下治亂之講究，是大事中的大事，不得稍作含糊，正道於此不得須臾離也。

11.17

柴也愚，參也魯，師也辟，由也喭。

【注釋】

1 柴也愚：柴，高柴，字子高，孔子弟子。愚，智不足而厚有餘。

2 魯：魯頓。

3 辟（ㄆㄧˋ）：便辟，言高而流於偏激。

4 喭（ㄧㄢˋ）：剛猛、粗俗。

【語譯】

高柴愚直，曾參魯鈍，顓孫師偏激，仲由剛猛。

【講析】

此章無「子曰」二字，因直呼其名，應是孔子對他四個弟子的批評，說的都是他們的缺點，楊時說：「四者性之偏，語之使知自勵也。」吳棫指出脫「子曰」二字，或疑應與下章併為一章。

11.18

子曰：「回也其庶乎，屢空。賜不受命，而貨殖焉，億則屢中。」

【注釋】

1 其庶乎：接近道了吧。庶，幾也，近也。

2 屢空：數至空匱也。

3 不受命：不受天命擺布。命指天命。一指不受官命而任公職。
4 貨殖：以貨財生殖也。指經商做買賣。
5 億則屢中：預測物價貴賤，往往被他說中，不失準頭。億同臆，猜測、測度。

【語譯】

老師說：「顏回已差不多接近了他追尋的道了吧，但他生活屢屢困乏。端木賜不受天命擺布，自己去做生意，他預測物價貴賤總不失準頭。」

【講析】

從上章與本章所記看來，孔子門下十分「多元」，各具特色，有優點也有缺點，可以說是「良莠不齊」，而孔子猶樂於施教且有成，真可謂是「有教無類」了。

11.19

子張問善人之道。子曰：「不踐跡，亦不入於室。」

【注釋】

1 善人：朱注：「質美而未學者。」
2 不踐跡：不依照前人所訂規矩行事。
3 不入於室：無法進入聖人之堂奧。

【語譯】

子張問善人之道。老師說：「善人不被人牽引，不跟人腳步走，但也因不學而無法進入聖人堂奧。」

【講析】

這裡的善人，指的是質美而未學的人，一個人質美而未學，就兼有未學的好處與壞處，一片天然的「不踐跡」是未學的好處，但因為無人糾正提領，學行便無法進入更高明的境地。

11.20

子曰：「論篤是與，君子者乎？色莊者乎？」

【注釋】

1 論篤：議論篤實。
2 是與：因此而贊許他。與，許也。
3 色莊：顏色莊重。

【語譯】

老師說：「聽他議論篤實，便贊許他，哪曉得他是個真君子呢？或僅是個表面上莊重的人呢？」

【講析】

朱子說此章主旨在不可以言貌取人，真正觀察人，須從人的行為著手。但也有含意，指一般人總惑於言貌，故君子可欺之以方。

11.21

子路問：「聞斯行諸？」子曰：「有父兄在，如之何其聞斯行之？」冉有問：「聞斯行諸？」子曰：「聞斯行之。」公西華曰：「由也問聞斯行諸，子曰『有父兄在』；求也問聞斯行諸，子曰『聞斯行之』。赤也惑，敢問。」子曰：「求也退，故進之；由也兼人，故退之。」

【注釋】

1 **聞斯行諸**：知道一事道理後，就立刻做，有見義勇為之意。
2 **進之**、**退之**：鼓勵他前進、要求他謙退。
3 **兼人**：一人兼兩人用，腳步比人要快。朱注：「謂勝人也」。

【語譯】

子路問：「知道一件事的道理之後，是不是就立刻做呢？」老師說：「還有父兄在，怎能說做就做呢？」冉有問：「知道一件事的道理之後，是不是就立刻做呢？」老師說：「知道了就做吧。」公西華問：「仲由問該馬上做嗎，老師說『有父兄在』；冉求問該馬上做嗎，老師說『知道了就做』，學生赤很感疑惑，想請問老師道理何在。」老師說：「冉求退縮，所以鼓勵他前進；仲由腳步往往過快，所以要他退一步。」

【講析】

文中已說明的很清楚了。張栻言：「聖人一進之，一退之，所以約之於義理之中，而使之無過不及之患也。」這叫做因材而施教。

11.22

子畏於匡，顏淵後。子曰：「吾以女為死矣。」曰：「子在，回何敢死？」

【注釋】

1 **子畏於匡**：孔子受驚於匡地。魯定公十四年（496 B.C.），孔子五十六歲，孔子去衛將適陳，路過匡地，被當地人誤認為他人，拘留了五日，受了折磨。《史記・孔子世家》曰：「匡人聞之，以為魯之陽虎，陽虎嘗暴匡人，匡人於是遂止孔子，孔子狀類陽虎，拘焉五日。」原來匡人誤認仇家，只因孔子長的很像陽虎。錢穆引《禮記・檀弓》：「死而不吊者三，畏、厭、溺。」指畏乃民間私鬥。

2 **顏淵後**：顏淵未跟上，相失在後。

3 **吾以女為死也**：我以為你已死了。女同汝。孔子與顏淵走失，以為顏淵被匡人所害。

【語譯】

老師在匡被圍，顏淵落後沒跟上。後來見著了，老師說：「我還以為你死了呢。」顏淵說：「老師在，回怎敢死呢？」

【講析】

師生之間言語甚妙。孔子言「吾以女為死也」，聽起來不吉，卻是經大難而發的真心話，「子在，回何敢死」，也很直白，也發自真心。一個擔憂，一個堅持，毫無掩飾，可見師生情義相接，關係密切。

11.23

季子然問：「仲由、冉求可謂大臣與？」子曰：「吾以子為異之問，曾由與求之問。所謂大臣者：以道事君，不可則止。今由與求也，可謂具臣矣。」曰：「然則從之者與？」子曰：「弒父與君，亦不從也。」

【注釋】

1 **季子然**：季氏子弟。子路、冉有曾在季氏下面服務，故季子然有此問。

2 **曾**：乃也。

3 **具臣**：謂充數之臣而已。一方面不滿意二人為季氏服務，一方面為學生謙虛。

4 從之：指一切聽命。

【語譯】

季子然問：「仲由、冉求可以說是大臣了吧？」孔子說：「我還以為你會問其他的問題，原來是問由與求兩人呀。所謂大臣，是以正道來事君的，不讓他行正道，就要走人的。現在我看這兩人，只是兩個備位充數的臣子罷了。」季子然問：「可以讓他們聽命做任何事嗎？」孔子說：「但要他們去弒父與君，是不會幹的。」

【講析】

這段記事很有趣，孔子對季氏的專權一直不滿，對弟子子路、冉有曾在季氏家為官也有些不滿，因而對季氏家的子弟也顯得不耐。這裡以「具臣」等字樣貶抑自己的弟子，其實是用來表示對季氏的瞧不起。朱子曰：「言二子雖不足於大臣之道，然君臣之義則聞之熟矣，弒逆大故必不從之。蓋深許二子以死難不可奪之節，而又以陰折季氏不臣之心也。」尹焞曰：「季氏專權僭竊，二子仕其家而不能正也，知其不可而不能止也，可謂具臣矣。是時季氏已有無君之心，故自多其得人，意其可使從己也，故曰弒父與君亦不從也，其庶乎二子可免矣。」

11.24 子路使子羔為費宰。子曰：「賊夫人之子。」子路曰：「有民人焉，有社稷焉。何必讀書，然後為學？」子曰：「是故惡夫佞者。」

【注釋】

1子路使子羔為費（ㄅㄧˋ）宰：子路為季氏宰時，要推舉子羔去做費地的主管官。子羔，孔子弟子，一說衛人，一說齊人。子路使子羔為費宰時，當時尚年少，又學不成熟。

2賊夫（ㄈㄨˊ）人之子：害了別人的孩子了。賊，害也。夫，發語詞。人之子，別人的孩子，以喻子羔年少。

3佞者：以口給禦人者，利於口舌的人。

【語譯】

子路有意推舉子羔去做費地的主管。老師知道後，以為子羔雖質美但未學，並不適合，便說：「這樣害了別人的孩子了。」子路說：「那裡有人民、有社稷，治民事神的事都可學習到的。何必讀書，才可以叫作有學呢？」老師說：「這是為什麼我討厭那些伶牙俐齒的人了。」

【講析】

子路說的「有民人焉，有社稷焉。何必讀書，然後為學？」其實是隨口答辯，不見得發自真心，孔子當然知道，便說「惡夫佞者」。子路的這段話，其實是很多人的看法，也是他們的「心聲」，但這說法，導引出對學問的輕視，其實有很大的弊害，王夫之曾痛斥之，曰：「嗚呼，嬴政之焚書，韓侂冑之禁偽學，張居正之革書院，三途並進而吏食人，皆此言啟之。其下流之委，乃至下劣子矜以讀書明理為干祿之具，而賊人之子，可不痛夫！」也許說得有點過強，但讀書目的有更崇高一面的，讀者於此應明辨。

11.25

子路、曾皙、冉有、公西華侍坐。子曰：「以吾一日長乎爾，毋吾以也。居則曰：『不吾知也！』如或知爾，則何以哉？」子路率爾而對曰：「千乘之國，攝乎大國之間，加之以師旅，因之以饑饉，由也為之，比及三年，可使有勇，且知方也。」夫子哂之。

【注釋】

1 **曾皙**：名點，曾參父，亦孔子弟子。

2 **侍坐**：孔子坐，弟子侍。

3 **以吾一日長乎爾，毋吾以也**：我雖年紀稍大，你們也不要在乎。

4 **居**：平時。

5 **不吾知**：不知我也。

6 **率爾**：輕率、倉卒。

7 **攝乎**：夾於。

8 **加之以師旅，因之以饑饉**：加上軍旅、饑饉之禍。

9 **方**：向也。

10 **哂**（ㄕㄣˇ）：微笑，有譏嘲之意。

「求！爾何如？」對曰：「方六七十，如五六十，求也為之，比及三年，可使足民。

如其禮樂，以俟君子。」
「赤！爾何如？」對曰：「非曰能之，願學焉。宗廟之事，如會同，端章甫，願為小相焉。」
「點！爾何如？」鼓瑟希，鏗爾，舍瑟而作。對曰：「異乎三子者之撰。」子曰：「何傷乎？亦各言其志也。」曰：「莫春者，春服既成。冠者五六人，童子六七人，浴乎沂，風乎舞雩，詠而歸。」夫子喟然嘆曰：「吾與點也！」

【注釋】

11 **方六七十，如五六十**：面積六七十或五六十平方里的小國。如，或也。

12 **以俟君子**：等待更高明的君子，是自謙之詞。俟，等待、等候。

13 **宗廟之事，如會同**：宗廟之事，指祭祀。諸侯相見為會，見眾人曰同。

14 **端章甫**：端，玄端，禮服名。章甫，禮冠。

15 **小相**：相，贊禮者，助主人行禮者。小，謙詞。

16 **鼓瑟希，鏗爾**：彈瑟聲漸稀，希，同稀。鏗爾，推瑟聲。

17 **舍瑟而作**：放下瑟而起身。作，起也。

18 **撰**：所有，具也。

19 **莫春**：即暮春。

20 **浴乎沂**：浴，盥濯也，洗手濯足。沂，水名。

21風乎舞雩（ㄩˊ）：風，乘涼也。舞雩，祭天禱雨之高臺。

22吾與點也：我贊同曾點。與，去聲，贊許，贊同也。

三子者出，曾皙後。曾皙曰：「夫三子者之言何如？」子曰：「亦各言其志也已矣。」曰：「夫子何哂由也？」曰：「為國以禮，其言不讓，是故哂之。」「唯求則非邦也與？」「安見方六七十如五六十而非邦也者？」「唯赤則非邦也與？」「宗廟會同，非諸侯而何？赤也為之小，孰能為之大？」

【注釋】

23為國以禮：治國以禮為要。

24不讓：不謙讓。

25「唯求則非邦也與」後四句，曾點與孔子一問一答，為求簡潔，語首皆省一曰字。

26赤也為之小，孰能為之大：冉有、公西華相對於子路而言都太過謙虛，孔子此處有獎掖鼓勵之意。

【語譯】

子路、曾皙、冉有、公西華一天陪侍孔子坐。老師說：「我虛長各位一些，你們不要在意。平常你們常說：『沒人知道我』，今天假如有人知道你有本領，你要怎麼辦呀？」

子路連忙說：「有個千乘的國家，夾在兩個更大的國家之間，外面有戰爭壓迫，國內又連年饑荒，若由我去治理，只要三年，就可使百姓有勇氣來保衛國家，而且還知道義理。」孔子聽了，微微一笑。接下來問冉有，說：「求，你怎樣呢？」

冉有很禮貌的回答說：「一個六七十平方里，或五六十平方里的地方，由求來治理，只要三年，可使人民豐足；至於禮樂教化，只有等更高明的君子來了。」老師又問：「赤呀，你如何呢？」

公西華也禮貌的答話說：「不能說我有本事，只願嘗試學著做吧。像宗廟祭祀、諸侯會同的時候，身披著玄端衣、頭戴著章甫帽，我希望能在旁邊做個行禮的助理。」老師又問：「點，你怎麼樣呢？」

這時曾皙正在鼓瑟，瑟聲已慢慢稀落了，聽老師點名，就鏗的一聲推瑟而起身，說：「我不能像他們三人說的那般好呀。」老師說：「有什麼關係呢？也不過是各言其志罷了。」

曾皙說：「暮春三月，春服既成，約了五六個成人，六七個童子，在沂水邊盥手濯足，到舞雩的地方吹風乘涼，然後唱著歌走回家去。」老師聽了喟然而嘆說：「我贊成曾點說的呀。」

子路等三人走了，曾皙留在最後。曾皙問：「請問老師，他們三人說得怎麼樣呢？」老師說：「也只是各言其志而已。」曾皙問：「老師為什麼笑仲由呢？」老師說：「治國該用禮，仲由說的不很謙讓，所以笑了他。」曾皙問：「冉求說的不算是國嗎？」老師說：「那能說有平方六七十，或五六十里的地方還不算一個國呢？」曾皙又問道：「那公西赤說的不是為國嗎？」老師說：「說到宗廟祭祀、諸侯會同，不都是諸侯國的事嗎？像公西赤這樣的才只求為小相，那誰又能當大相呢？」

【講析】

此章是《論語》最長的一章，與前面文字簡短的風格比較很特殊，以體例言，應是《論語》較晚寫成的一部分。崔述的《考信錄》便認為此章文字太長，不類《論語》，再加上文中孔子褒揚有道家思想的曾皙，對傾向治國、治事的子路、冉有、公西華的讚語反而不算高，因而高度懷疑此章的「正確性」。

文字過長確實須考慮，但《論語》不成於一時一人之手，行文風格自有不同，孔子前後，書寫工具沒有後世發達，不宜開闔宏肆，但看孔子之前的《詩》《書》，其中也都有較長的篇章，故長篇亦非絕不可能。

再說孔子嘉許曾皙事，第一是此章所記是孔子與弟子之間的「偶爾」閒談，並不料後來有人寫成「文獻」，閒談是指在很自由的狀況下進行的談話，有話直說，語意不求周延，落詞不求嚴謹，這正是閒話的特色，孔子勸弟子輕鬆，說「何傷乎？」又兩次說「亦各言其志也」，都是要求弟子不要拘謹，要自由甚至「任性」一點。因孔子一次稱讚了曾皙，便以為孔子落於道家避世的窠臼，這是一個不小的誤會。

其次孔子雖被視為「聖人」，但他卻有一般人的感情，《論語》裡記孔子感情的地方很多。除了感情，聖人也有情緒，情緒是發自於情，卻比感情更不受理智的控制，如孔子對伯牛之疾連嘆「斯人也而有斯疾也！斯人也而有斯疾也」（《雍也》篇 6.8），又對子路說：「道不行，乘桴浮於海」（《公冶長》篇 5.6），都是有情緒的話語。情緒式的語言，要體會發言的實際狀況，而不能在語意上做過度的深究，如孔子發伯牛之疾之嘆，便判斷孔子對伯牛有所偏愛；又因孔子說了「道不行乘桴浮於海」，便說孔子有避世之想，這些都是以偏概全的錯誤。

回到此章，上面說過此章記錄是閒話，因而無須在字詞上做過當之解釋。而曾皙事後也發現有點不對，因而屢問孔子，孔子答以「亦各言其志也已矣。」表示要輕鬆看待。以實際情況言，也許正好是暮春三月的好天氣，自由逍遙的氣息在四處流轉，三子的話都沒錯，在此環境之下，只是稍嫌嚴肅了，此時曾皙之言，便能深契夫子當時的心情。要知道孔子雖強調入世，卻也有順應自然的思想，「天何言哉？四時行焉，百物生焉，天何言哉？」（《陽貨》篇17.19）這套與天地共生的思想，在先秦也不見得是道家的專利。所以此章所記，並不違背了孔子一貫的思想，也不須對之過度懷疑。

孔子欣賞曾點的狂態，正是儒學的包容與自由。王陽明認為孔子此處贊許曾點，正見出聖人的「寬洪包含氣象」。《傳習錄》中有段紀錄：「王汝中、省曾侍坐。先生握扇命曰：『你們用扇。』省曾起對曰：『不敢。』先生曰：『聖人之學，不是這等捆縛苦楚的，不是妝做道學的模樣。』汝中曰：『觀《仲尼與曾點言志》一章略見。』先生曰：『然。以此章觀之，聖人何等寬洪包含氣象！且為師者問志於群弟子，三子皆整頓以對。至於曾點飄飄然不看那三子在眼，自去鼓起瑟來，何等狂態！及至言志，又不對師之問目，都是狂言。設在伊川，或斥罵起來了。聖人乃復稱許他，何等氣象！聖人教人，不是個束縛他通做一般，只如狂者便從狂處成就他，狷者便從狷處成就他。人之才氣如何同得？』」

陽明說的「狂者便從狂處成就他，狷者便從狷處成就他」，似乎特別強調孔子的教育哲學。狂與狷是人的個性，有此個性，不妨於得道，但狂與狷不是為學的目的，王陽明又說：「昔者孔子在陳，思魯之狂士。世之學者，沒溺於富貴聲利之場，如拘如囚，而莫之省脫。及聞孔子之教，始知一切俗緣，皆非性體，乃豁然脫落。但見得此意，不加實踐以入於精微，則漸有輕滅世故，闊略倫物之病。雖比世之庸庸瑣瑣者不同，其為未得於道一也。故孔子在陳思歸，以裁之使入於道耳。諸君講學，但患未得此意，今幸見此，正好精詣力造，以求至於道。無以一見自足而終止於狂也。」

孔子的教育哲學就是因材施教，不拘一格的，而教育的方式應該是靈動的，要如鳶飛魚躍般的充滿生機，學習的氣氛又應是自由與快樂的，這跟「捆縛苦楚」的裝模作樣正好相反。讀者於此，應多體會。

顏淵第十二

顏淵篇：共二十四章。

12.1

顏淵問仁。子曰：「克己復禮為仁。一日克己復禮，天下歸仁焉。為仁由己，而由人乎哉？」顏淵曰：「請問其目。」子曰：「非禮勿視，非禮勿聽，非禮勿言，非禮勿動。」顏淵曰：「回雖不敏，請事斯語矣。」

【注釋】

1 **克己**：克制自己的私欲。

2 **復禮**：恢復內心原有的道德秩序感。儒家認為人有一種天生既有的秩序感，覺得井井有條比紊亂更好，更有美感，這便是禮的起源。孟子認為道德起源有「四端」，其中「辭讓之心，禮之端也」（見《孟子・公孫丑上》），又說：「惻隱之心，人皆有之；羞惡之心，人皆有之；恭敬之心，人皆有之；是非之心，人皆有之。惻隱之心，仁也；羞惡之心，義也；恭敬之心，禮也；是非之心，智也。仁義禮智，非由外鑠我也，我固有之也，弗思耳矣。故曰：『求則得之，舍則失之。』」（見《孟子．告子上》）禮為我心之既有，自然可用「復」這一字。

3為仁：是為仁。一說為仁即行仁，不從。

4天下歸仁焉：天下之人與我皆歸於仁之境界。一說人君能克己復禮，則天下盡歸其仁政，不採。

5為仁由己：行仁靠自己。

6請問其目：請問有哪些可做的細目。目，條目、項目也。

7非禮勿視，非禮勿聽，非禮勿言，非禮勿動：此即為答顏淵之「目」，要求在生活的細節中如視、聽、言、動中皆合乎禮。

【語譯】

顏淵問如何行仁。老師說：「如能從約束自己以行禮，就是仁了。我下定決心克己復禮，不斷做下去，終可使天下人與我都歸於仁境的。要想行仁，一切得從自己做起，難道得從別人做起嗎？」顏淵問：「請問該做的細目。」老師說：「非禮的不看，非禮的不聽，非禮的不說，非禮的不動。」顏淵說：「回雖不夠聰敏，就請老師允許我這麼做吧。」

【講析】

這是《論語》中很重要的一章，也引出很多爭議。

朱子言：「仁者，本心之全德。克，勝也。己，謂身之私欲也。復，反也。禮者，天理之節文也。為仁者，所以全其心之德也。蓋心之全德，莫非天理，而亦不能不壞於人欲。故為仁者必有以勝私欲而復於禮，則事皆天理，而本心之德復全於我矣。歸，猶與也。又言一日克己復禮，則天下之人皆與其仁，極言其效之甚速而至大也。又言為仁由己而非他人所能預，又見其機之在我而無難也。日日克之，不以為難，則私欲淨盡，天理流行，而仁不可勝用矣。」朱子說得很細，但還是有不清楚處，首先是「克己復禮」是何意？如果是指克服自己以達到禮，便表示原本的「己」是不善的，這跟荀子的「性惡」說接近了，孔子是持性惡說的嗎？有趣的是孔子又說「復禮」，而非說「得禮」或「達禮」，禮如可「復」，表示禮原本就在心中，又比較接近孟子的性善說了。

再說「一日克己復禮，天下歸仁焉」又有問題。克己復禮是個人的事，一人復禮，如何讓天下都歸之於仁呢？難道是陸、王心學所言「我心即宇宙」嗎？所以此章所論開啟了許多中國哲學史上爭論的話題。

這些論述在此處其實都還沒有展開，但顏淵的問仁還是有貢獻的。從此章孔子教顏淵「四勿」，與《中庸》中的「戒慎、恐懼」之訓，可以見到儒家嚴肅整飭之一面，將之與宋儒教人尋孔顏樂處、所樂何事等簡易親和一面相對照輔翼，方知儒學真與全之面目。

12.2

仲弓問仁。子曰：「出門如見大賓，使民如承大祭。己所不欲，勿施於人。在邦無怨，在家無怨。」仲弓曰：「雍雖不敏，請事斯語矣。」

【注釋】

1 **大賓**：公侯般的高貴賓客。

2 **大祭**：重要祭典。

3 **在邦無怨，在家無怨**：在邦指在諸侯國，在家指在士大夫家。「無怨」有二解，一指不受人怨；二指自己無怨無悔。本文採後說。

【語譯】

仲弓問仁。老師說：「出門像要見王侯一般的敬重，使民要像重大祭典般的謹慎。自己不想要的，不要施之於人。無論在國在家做事，都能無所埋怨。」仲弓說：「雍雖然不夠聰敏，就請老師准我照著做吧。」

【講析】

此章所言，著重三項，一是敬謹，二是行恕道，三是無怨，與前章顏淵所問，有相通之處，但由「在國」、「在家」看，似指出仕為官而言，比前章似稍淺下。朱子言：「克己復禮，乾道也；主敬行恕，坤道也。顏、冉之學，其高下深淺，於此可見。然學者誠能從事於敬恕之間而有得焉，亦將無己可克矣。」但如說兩章不同是因為顏、冉之學有深淺，孔子為之分別立論，亦不見得能成立，「乾道」與「坤道」之別也甚穿鑿，上章所言「四目」即是從淺處立論，可見孔子對顏淵也說淺下的話。

12.3

司馬牛問仁。子曰：「仁者其言也訒。」曰：「其言也訒，斯謂之仁已乎？」子曰：「為之難，言之得無訒乎？」

【注釋】

1**司馬牛**：孔子弟子，名犂。《史記・仲尼弟子列傳》作司馬耕，字子牛。

2**訒**（ㄖㄣˋ）：難言貌，或指忍言，不輕易說出口。《史記・仲尼弟子列傳》言「牛多言而躁」，故戒之。

3**為之難，言之得無訒乎**：言易行難，故言時須多經思考。

【語譯】

司馬牛問仁。老師說：「仁者說話比較遲疑。」司馬牛說：「說話遲疑，就算是仁了嗎？」老師說：「要想到做起來是困難的，說話時能不忍一忍嗎？」

【講析】

朱子曰：「仁者心存而不放，故其言若有所忍而不易發，蓋其德之一端也。夫子以牛多言而躁，故告之以此。使其於此而謹之，則所以為仁之方，不外是矣。」孔子施教，十分注意受教者的個別差異，朱子又言：「蓋聖人之言，雖有高下大小之不同，然其切於學者之身，而皆為入德之要，則又初不異也。」

12.4

司馬牛問君子。子曰：「君子不憂不懼。」曰：「不憂不懼，斯謂之君子已乎？」子曰：「內省不疚，夫何憂何懼？」

【注釋】

1內省不疚：反省而無愧於心。疚，病也。

【語譯】

司馬牛問怎樣才算君子。老師說：「君子是不憂又不懼的。」司馬牛說：「不憂不懼，就算得上君子嗎？」老師說：「要會反省，不覺有愧，這時哪會憂懼呢？」

【講析】

司馬牛第二次問，是問不憂不懼能算君子嗎？並不是問憂懼從何來，孔子似乎答非所問。但孔子此答也有道理，不憂不懼是表面，實際要做到「內省不疚」，重點在內心清朗，一無愧疚，至此境界，方可謂君子，但真要達此，並不容易。晁說之言：「不憂不懼，由乎德全而無疵。故無入而不自得，非實有憂懼而強排遣之也。」

孔子又說過：「仁者不憂，勇者不懼」（《子罕》篇9.28），由孔子答司馬牛之問，可見仁與勇之間的關係。

12.5

司馬牛憂曰：「人皆有兄弟，我獨亡。」子夏曰：「商聞之矣：死生有命，富貴在天。君子敬而無失，與人恭而有禮。四海之內，皆兄弟也。君子何患乎無兄弟也？」

【注釋】

1 **人皆有兄弟，我獨亡**（ㄨˊ）：別人都有兄弟，只有我沒有。亡，無也。司馬牛有兄名向魋（也作桓魋）及巢，有弟心頎、子車，不可謂無兄弟。但向魋仕於宋，有作亂不軌之行，魋、巢等或奔或死，司馬牛因有所感而曰我獨無。「我獨無」有兩種解釋，一是兄弟已死，錢穆言桓魋死時，孔子已逝二年，所以由子夏引孔子的話來安慰司馬牛；一說是桓魋未死，但司馬牛「憂其為亂而將死」，而有所感觸，今採錢說。

2 **四海之內**：即天下。古人四海之內、天下、中國往往不分。

【語譯】

司馬牛憂愁的說：「別人都有兄弟，而我獨無。」子夏說：「商曾聽老師說過：『死生有命，富貴在天。君子如能敬謹無差錯，對人恭敬有禮，那四海之內的人都是你的兄弟呀。』這樣看來，君子怎怕沒有兄弟呢？」

【講析】

朱子以為子夏之言是「欲以寬牛之憂，故為是不得已之詞。」而胡寅則認為子夏之言「意圓而語滯」，又譏子夏口心不一，曰：「且子夏知此而以哭子喪明，則以蔽於愛而昧於理。」其實都有過度詮釋之病。

子夏也算孔門重要弟子，《史記．仲尼弟子列傳》載：「孔子既沒，子夏居河西教授，為魏文侯師。其子死，哭之失明。」孔子死後，子夏對張揚孔學實有貢獻，但因子死喪明，自《禮記．檀弓》記曾子曾罵過他，之後歷史每提子夏，都不忘數落他一頓。怎麼是「不得已之詞」又怎麼是「蔽於愛而昧於理」呢？對一個喪兄（不論已死或將死）的人而言，要消除他目前的悲傷，將兄弟的定義從寬解釋，其實是比較好的方法，這種安慰鼓勵之語，是不能以自己能否踐行來譏嘲的。何況此章所記，孔子雖已逝，但喪明事件尚未發生，將兩事夾纏已是錯誤，即使子夏已有哭子喪明之事實，也不可說以此言語安慰司馬牛是錯的。

中國不是四周環海，但天下在「四海之內」的觀念在《山海經》就可以見到。子夏說他接聞於夫子的「四海之內皆兄弟也」觀念很好，將世界人類不分畛域（種族、男女、貧富階級……）一律當作兄弟姐妹看待，擺脫一切不平等的約束禁制，說這話也需要極大的胸襟與氣魄的，這句話看似簡單，卻是人類觀念史上的極大突破，讀者尤須注意。

12.6 子張問明。子曰：「浸潤之譖，膚受之愬，不行焉，可謂明也已矣。浸潤之譖，膚受之愬，不行焉，可謂遠也已矣。」

【注釋】

1明：日月相照，光明清楚之貌。

2浸潤之譖（ㄗㄣˋ）：像水慢慢浸濕的毀謗性的話。浸潤，如水之浸灌滋潤，漸漬而不驟也。譖，毀人之行也。

3膚受之愬：感同身受的訴願。膚受，指如肌膚親受，急切迫身，愬，同訴，及訴願、指控。

4不行焉：施展不開，無法實行。

5遠：遠大。

【語譯】

子張問明。老師說：「像水慢慢滲透的壞話，像膚受般急切的指控，都在他面前行不通，就可以說是明了。像水慢慢滲透的壞話，像膚受般急切的指控，都在他面前行不通，就可以說是遠大了。」

【講析】

子張問明，卻得到明與遠的兩個答案。其實兩者是相通的。朱子言：「毀人者漸漬而不驟，則聽者不覺其入，而信之深矣。愬冤者急迫而切身，則聽者不及致詳，而發之暴矣。二者難察而能察之，則可見其心之明，而不蔽於近矣。」說得很好。但判斷孔子此說，「必因數張之失而告之。」則有些穿鑿，因欠缺具體證據。

12.7

子貢問政。子曰：「足食，足兵，民信之矣。」子貢曰：「必不得已而去，於斯三者何先？」曰：「去兵。」子貢曰：「必不得已而去，於斯二者何先？」曰：「去食。自古皆有死，民無信不立。」

【注釋】

1**足食**：倉廩實，人民有飯吃。

2**足兵**：武備修，國家能防衛敵人入侵。

3**民信之**：教化行。讓人民信任政府也彼此信任。

4**自古皆有死，民無信不立**：民無食則死，但無信則必渙散鬥亂，同至敗亡。如使群眾彼此有信，一時有困，終必有食。朱子曰：「故寧死而不失信於民，使民亦寧死而不失信於我也。」

【語譯】

子貢問為政之道。老師說：「先讓人都吃飽了，再講究武備，再要讓政府與人民互信。」子貢問：「如不得已要去掉一個，三個該先去掉哪個？」老師說：「去掉武備吧。」子貢又問：「如不得已還要去掉一個，這兩個要先去掉哪個呢？」老師說：「去掉糧食吧。自古以來，人都會死的，但沒有互信的話，人的一切都蕩然無存了呀。」

【講析】

此章非常重要，在子貢層層逼問之下，孔子透露出自己最高的政治意見。子貢問為政之道，主要是如何應對國家經濟、國防與國民對國家自信的危機。「自古皆有死，民無信不立」不是輕視民命，而是強調教化與信實的重要。足食、足兵所達，頂多是原始社會最好的生活方式，而人民要是有信，則人除了生存之外，還注意到了生活的價值，到此境界，則人已進入文明社會。另一點，則是加強了政府在教化與道德上的責任，要想有個足食足兵的國家，政府必須先建立信用，施政必發於誠信，讓人民在國家危急存亡之秋，願意與國家和衷共濟，至死不渝。此章可與《子路》篇 13.9「富之教之」章參看。

12.8

棘子成曰：「君子質而已矣，何以文為？」子貢曰：「惜乎！夫子之說，君子也。駟不及舌。文猶質也，質猶文也。虎豹之鞟，猶犬羊之鞟。」

【注釋】

1 **棘子成**：衛大夫。
2 **夫子之說君子也**：你所說的君子呀。夫子，此人，指棘子成。
3 **駟不及舌**：言出於舌，駟馬不及追之，惜其失言。駟，四馬所拉之車，是古時極快的行具。
4 **虎豹之鞟**（ㄎㄨㄛˋ），**猶犬羊之鞟**：去毛的虎豹之皮，跟犬羊之皮無別。鞟，去毛之皮。

【語譯】

棘子成說：「君子只要本質好就夠了，何必要文彩呀？」子貢說：「可惜啊，先生您這樣解釋君子呀。就是有駟馬的車來追趕，也追不回你的失言了。其實文就是質，而質就是文。虎豹的皮，假如除掉有文彩的毛，就跟犬羊的皮沒兩樣了。」

【講析】

棘子成似對孔子說過的「文質彬彬，然後君子」（《雍也》篇6.16）表示懷疑，以為在君子言質比文重要。子貢強調文質不能偏廢，重申孔子對君子之含意。其中用「駟不及舌」、「虎豹之鞟相況，十分生動，子貢於孔門，確實長於語言。

12.9

哀公問於有若曰：「年饑，用不足，如之何？」有若對曰：「盍徹乎？」曰：「二，吾猶不足，如之何其徹也？」對曰：「百姓足，君孰與不足？百姓不足，君孰與足？」

【注釋】

1 **年饑，用不足**：據《左傳》魯哀公十二年有「春，用田賦」、「冬，十二月有螽」之紀錄，應指此事言。螽，指蝗災。

2 **盍徹乎**：何不實施「徹」這種稅制呢。徹，是民取其九，公取其一的稅制。朱子曰：「周制：

一夫受田百畝，而與同溝共井之人通力合作，計畝均收。大率民得其九，公取其一，故謂之徹。」盍，何不也。

3二：指二成。徹制公取其一，今取二，猶覺不足。

4**百姓足，君孰與不足**：人民足了，你做國君的怎會不足呢。朱注：「民富，則君不致獨貧；民貧，則君不能獨富。有若深言君民一體之意，以止公之厚斂，為人上者所宜深念也。」

【語譯】

魯哀公問有若說：「現在我們鬧饑荒，國用不足，該怎麼辦？」有若恭敬回答說：「何不採十分之一的田稅呢？」哀公說：「就是收十分之二，我都覺得不夠，怎能實施十分之一的稅法呢？」有若說：「百姓足了，國君怎會不足呢？百姓不足了，國君要如何足呀？」

【講析】

據《左傳》所載，魯哀公十二年（483 B.C.）時魯國確實有很多考驗須度過，已連續幾年因螽（蝗蟲）害而鬧饑荒，又好幾年用兵於邾，與北方的齊國關係也不好，隨時有警，以致國用不足，用徹制，恐怕真無法應急。假如哀公所問是因此而發，也許不是朱子所說的想「厚斂」，而是被現實所迫。有若說的當然合乎儒家之道，是正道，也是常道，最主要是用於一般時候的，如要應付緊迫的危機，往往須要「權變」，國家在興亡關頭，死守十一之徹不敢做任何調整，也可能有點迂闊。

12.10

子張問崇德、辨惑。子曰：「主忠信，徙義，崇德也。愛之欲其生，惡之欲其死。既欲其生，又欲其死，是惑也。『誠不以富，亦祇以異』。」

【注釋】

1 **崇德**：以德為崇。即崇揚品德。

2 **辨惑**：辨別疑惑，解決疑惑。

3 **徙義**：聞義即從之，猶言遷善。

4 **愛之欲其生，惡之欲其死**：愛此人，希望人活著，討厭此人，希望他死了。指人世許多矛盾的事。

5 **誠不以富，亦祇以異**：不是因為新人比我更富，而是因為你變了心。原見《詩・小雅・我行其野》，前有「不思舊姻，求爾新特」，意即你不再思及舊有的婚姻，而去追求新人，詩寫棄婦之怨。

【語譯】

子張問要如何崇德、辨惑。老師說：「心中以忠信為主，聞義所在，遷而從之，這就是崇德了。喜歡這個人，希望他活著，討厭這個人，希望他死了好。同樣一個人，既希望他活著，又希望他死了，這就是疑惑呀。《詩經》有詩說：『不是因為新人比我富，而是你變了心』，寫的就是這種情況。」

【講析】

這章孔子答子張問，有點讓人出乎意料。子張問的是「如何」崇德與辨惑，孔子教以如何崇德，卻沒有教他該「如何」辨惑，只以「愛之欲其生，惡之欲其死」為例，說明人生有不少疑惑存在，至於該如何解決，好像並無答案。

本章最後「誠不以富，亦祇以異」八字，錢穆認為與本文無涉，可能為誤置，應置於《季氏篇》16.12章。

12.11

齊景公問政於孔子。孔子對曰：「君君，臣臣，父父，子子。」公曰：「善哉！信如君不君，臣不臣，父不父，子不子，雖有粟，吾得而食諸？」

【注釋】

1 **齊景公**：名杵臼。魯昭公末年，孔子適齊，有此問答。

2 **君君**：國君像個國君。後臣臣、父父，子子皆如此。時景公失政，大夫陳氏專國，景公又多內嬖，不立太子，其君臣父子之間，皆失其道，故孔子告之如此。

3 **信**：誠也，真的。

4 有粟：有食物。

5 得而食諸：得而食乎？諸，疑問詞。

【語譯】

齊景公問為政之道於孔子。孔子恭敬回答說：「君要像個君，臣要像個臣，父要像個父，子要像個子。」景公說：「說得對極了，假如真的弄到君不君，臣不臣，父不父，子不子，就是有糧食在，我哪能吃得到呀。」

【講析】

說的是為政之道，其實是為人之道。

孔子此處言君臣父子，是說讓世上每人各安其位，並非言君臣之道如同父子之道，後世導出「以孝事君則忠，以敬事長則順」（《孝經・士章》）之說，絕非孔子之意。

12.12

子曰：「片言可以折獄者，其由也與？」子路無宿諾。

【注釋】

1 片言：片段的言語，不必全面陳述。也有指斷獄時的一方之辭。

2 折獄：斷獄。解決法律爭端。

3 **無宿諾**：沒有延遲實踐諾言的事。宿，留過一晚。指子路急於踐言。

【語譯】

老師說：「靠著隻言片語就能斷獄的，恐怕只有仲由能做到了。」子路答應人的事就立刻去做，不會留一晚再做的。

【講析】

「片言」如指爭訟時一方之言，而僅聽一方之言就可以斷獄，是絕對不可的，因為在基本上就不公平了，所以本文不取，而做無須兩造做全面的陳述解。「片言可以折獄」有兩講，一是指子路聰明，不須聽完所有陳述就可斷人是非曲直；一是指子路明快，往往可以快刀斬亂麻，不糾葛在雜事雜物之間。二說可並存，都證明子路長於政事了。（見 11.2）後一句「子路無宿諾」其實與前文無關，可能是編者因孔子言而附記及此。

12.13

子曰：「聽訟，吾猶人也，必也使無訟乎！」

【注釋】

1 **聽訟**：聽人訟詞，以判曲直。

2 **吾猶人**：我與人無異。猶，如也。

3 必也使無訟乎：必須使人無事興訟吧。

【語譯】

老師說：「要說聽訟判案，我與別人也相差不多，重要的是讓人不會興訟，那就更好了吧。」

【講析】

讀此章可知儒家是重人治輕法治的。重人治也可說是重德治，「必也無訟」，希望人不輕易進入法庭。范祖禹說：「聽訟者，治其末，塞其流也。正其本，清其源，則無訟矣。」德行教化為先，是止訟的最好方法。古時人少事簡，社會單純，重德輕法也許行得通，但後世人口增加，社會組織日益細密，法治可備德治之不足，也是一定要有的。

12.14

子張問政。子曰：「居之無倦，行之以忠。」

【注釋】

1 居之無倦：身處於官場，服務人民，不知倦怠。
2 行之以忠：政事以忠誠為主。以忠，則表裡如一。

【語譯】

子張問要如何為政。老師說：「居官要對政事不知倦怠，努力以赴，做任何事要忠誠，表裡如一。」

【講析】

此章可能針對子張的性格而說的，有因材而施教的作用，但也不能確定。程頤謂：「子張少仁。無誠心愛民，則必倦而不盡心。故告之以此。」或可參考，但對子張的推斷則草率了些，愛民對任何從政的人都很重要，要他愛民，不見得是因他少仁心、不愛民。

12.15 子曰：「君子博學於文，約之以禮，亦可以弗畔矣夫！」

【講析】

此章重出，見《雍也》篇6.25。

12.16 子曰：「君子成人之美，不成人之惡。小人反是。」

【注釋】

1成人之美：成就人的好處。

2反是：於是相反。

【語譯】

老師說：「君子都想幫助別人，想成就他的好處，是不會促人為惡的。小人則正相反。」

【講析】

此章以助人為善為惡，來說明君子小人之別。

12.17

季康子問政於孔子。孔子對曰：「政者，正也。子帥以正，孰敢不正？」

【注釋】

1政者，正也：政治是正直的事。正，正道、正直。

2子帥以正：你如以正直的方式領導。子，稱季康子。

【語譯】

季康子問孔子為政之道，孔子對答道：「政治是正直的事，你在上面做正直的事，那有誰敢不正直的呢？」

【講析】

胡寅說：「魯自中葉，政由大夫，家臣效尤，據邑背叛，不正甚矣。故孔子以是告之，欲康子以正自克，而改三家之故。惜乎康子之溺於利欲而不能也。」孔子此言，有針砭時局之意，但更重要的是，從事政治要做正直的事，本當如此，是否專對三家而說，並不重要。

12.18

季康子患盜，問於孔子。孔子對曰：「苟子之不欲，雖賞之不竊。」

【注釋】

1 **盜**：竊賊、偷竊。

2 不欲：不貪。

3 **雖賞之不竊**：就是獎勵他也不偷竊。

【語譯】

季康子擔心魯國多竊賊，問孔子該怎麼辦。孔子對答道：「假如你不貪欲，就是獎賞別人去為盜，人民也不會去做的。」

【講析】

盜竊如非生活所逼，多是嗜欲過多所引起，所以孔子勸諭上位者應節制私欲，以影響人民。胡寅說：「季氏竊柄，康子奪嫡，民之為盜，固其所也。盍亦反其本耶？孔子以不欲啟之，其旨深矣。」孔子也許趁季康子問，針對季康子缺點答以如此，但也許不是。過多推論，其實是有危險的。

12.19

季康子問政於孔子曰：「如殺無道，以就有道，何如？」孔子對曰：「子為政，焉用殺？子欲善而民善矣。君子之德風，小人之德草。草上之風，必偃。」

【注釋】

1 **殺無道，以就有道**：殺了無道之人，以成就有道者之善行。即除惡道以就善道之意。

2 **焉用殺**：何必用殺來解決呢。

3 **君子之德風，小人之德草**：君子的性質像風，小人的性質像草。此處君子、小人指在位與否而言，不指才德。德，猶言性質。

4 **草上之風，必偃**：有風吹過，草必偃倒。喻君子對小人有一定的影響與作用。

【語譯】

季康子問孔子為政之道，說：「假如殺了無道來成就有道，如何呢？」孔子對答說：「你從事政治，怎能用殺戮的方式呢？你如一心向善，而民心就也歸之於善了呀。要知道負責領導的君子，性質很像風，而被領導的人民，性質很像草，當草上有風吹過，草就會倒向一邊的呀。」

【講析】

以上三章都是孔子答季康子之問，而季康子所問，都是有關政治與領導上的問題。孔子認為，居領導地位的一方，應對所領導者的一切負絕對之責任，所以必須正直，「子帥之正，孰敢不正？」正是從此觀點出發。領導又須對風俗之善惡做出正面的影響，所謂「苟子之不欲，雖賞之不竊」，又「草上之風，必偃」，都是同樣的道理。道德是一切的根本，當然也是政治的根本。道德必須深植人心，是逐漸建立的，不求快速，「殺無道，以就有道」，就算合法，也是一時的治標方法，不是永久的治本之道。孔子於此，懇懇再三，可見含意之重。

12.20

子張問：「士何如斯可謂之達矣？」子曰：「何哉，爾所謂達者？」子張對曰：「在邦必聞，在家必聞。」子曰：「是聞也，非達也。夫達也者，質直而好義，察言而觀色，慮以下人。在邦必達，在家必達。夫聞也者，色取仁而行違，居之不疑。在邦必聞，在家必聞。」

【注釋】

1達：顯達，通達。朱子云：「達者，德孚於人而行無不得之謂。」

2何哉，爾所謂達者：你所說的達，是什麼意思。朱子以為：「子張務外，夫子蓋已知其發問之意，故反詰之，將以發其病而藥之也。」

3聞：有名。

4質直而好義：稟性正直又好行義事。質直，內主忠信，不事矯飾。

5察言而觀色：對別人的言語、辭色，做仔細的觀察。王夫之言：「察人之言，以審是非之定論；觀人之色，以辨心志之從違。」

6慮以下人：思慮皆下於人，言謙退也。

7色取仁而行違：以仁妝點表面，行為卻違背。朱子曰：「善其顏色以取於仁，而行實背之。」色，表面。

8居之不疑：安於虛偽，並不自疑。

【語譯】

子張問：「一個士，要如何才算是『達』了呢？」老師說：「你所說的『達』，是什麼意思呀？」子張對答說：「我指的達，是說他在國內很有名聲，在卿大夫家中，也很有名聲。」老師說：「那是有名，不是真的達呀。一個真的達者，對他自己而言，必須是稟性正直又心志好義的人，對外又能察人言語、辨人容色，存心謙退，以下人自居的人。像這樣的人，不論在國、在家，都能算是達人了。要說一個有名的人，他以仁來裝飾門面，實際卻不行仁，而且安於虛假，並不自疑。像這種人，不論在國、在家，也會混得名聲的。」

【講析】

此章對名與實有所辨正，達指德行貫徹的人，而聞只指一個有名無實的人。程頤說：「學者須是務實，不要近名。有意近名，大本已失。更學何事？為名而學，則是偽也，今之學者，大抵為名。為名與為利雖清濁不同，然其利心則一也。」王夫之言：「達者不必聞，而聞者不必達，此君子小人虛名實行之大別也。不知辨此，而學術何由正乎？」

文中的「察言而觀色，慮以下人」，會讓人感覺若伺顏色、承意旨以求媚者。所以「察言而觀色」必須與上文「質直而好義」相連，正如錢穆言：「既內守以義，又能心存謙退，故能謙撙而光，卑而不可踰，此聖人處世之道，即仁道。」為何要「察言而觀色，慮以下人」呢？是為了做到「達」字。所謂達是指達於他人，達於社會，要將道推行達廣大久遠，個人謙退可能也是必要的手段。

12.21 樊遲從遊於舞雩之下，曰：「敢問崇德、修慝、辨惑。」子曰：「善哉問！先事後得，非崇德與？攻其惡，無攻人之惡，非修慝與？一朝之忿，忘其身，以及其親，非惑與？」

【注釋】

1**舞雩**：古祭天禱雨之處，有壇有樹，故可遊。

2**修慝**（ㄊㄜˋ）：去掉心中之惡。修，治也，除也。慝，惡之匿於心者。

3**辨惑**：明辨疑惑所在以致無惑。

4**攻其惡**：治好自己的過惡。攻，治也。

5**一朝之忿，忘其身，以及其親**：為了一點忿恨，而忘了自身與自己的親人。一朝，猶一夕，指短時間發生的小事。

【語譯】

樊遲跟隨老師遊於舞雩之下，問：「敢問要怎麼崇德、修慝、辨惑呢？」老師說：「你問得好。先做事，後有所得，不是崇德嗎？治好自己的過失，不去攻擊別人的過錯，不是修慝改過嗎？忍不住一時的忿恨，忘記了自身與親人的安危，這不是惑之所在嗎？」

【講析】

此章孔子用了三次「非……與？」的語式來回答樊遲之所問。換用現在的語言是「不是……嗎？」當然是一種語言的變化，但「不是……嗎？」與「是……」相比較，在意義上是有差異的，語氣上一委婉，一決斷，意義上「不是……嗎？」表示有此種含意，也可能有他種含意，而「是……」就更堅定些，所指也全然些。因此此章的「先事後得」應是崇德一部分，而非崇德的全部，其他修慝、辨惑也都如此。這三事，不能說相關，也不能說必然無關，孔子對樊遲如此說，應是因材而施教、因病而處方的一種方式，不見得是所有的必然，而語言委婉，態度親和，更是本章的特色。

12.22

樊遲問仁。子曰：「愛人。」問知。子曰：「知人。」樊遲未達。子曰：「舉直錯諸枉，能使枉者直。」樊遲退，見子夏。曰：「鄉也吾見於夫子而問知，子曰，『舉直錯諸枉，能使枉者直』，何謂也？」子夏曰：「富哉言乎！舜有天下，選於眾，舉皋陶，不仁者遠矣。湯有天下，選於眾，舉伊尹，不仁者遠矣。」

【注釋】

1 **未達**：不明。未達有二意，一是未達夫子何以言愛人即仁、知人即知。二是不知兩者之關係。此章有些問題，樊遲確實問了夫子仁與知的問題，但樊遲後來又問子夏說：「鄉也吾見於夫子而問知」，好像樊遲只記得自己問知之事，而孔子答以「舉直錯諸枉，能使枉者直」，確實也未言及仁，樊遲未達，可能在不知彼此的關係。

2 **舉直錯諸枉，能使枉者直**：推舉正直的人，放在不正直的人的上面，可以使原本不正直的人變得正直。舉，推舉。錯，置也，放著。直，正直。枉，曲也，不直。

3 **鄉**（ㄒㄧㄤˋ）**也**：向也，同嚮，指不久前，剛才。

4 **富哉**：指含意豐富。

5 **選於眾**：在眾人中選才。

6舉皋陶：推舉皋陶出來。皋陶，舜時相。

7湯：商湯。

8伊尹：湯時相。

【語譯】

樊遲問仁，老師說：「愛人。」又問何謂知，老師說：「知人。」樊遲聽了不明白。老師說：「舉用正直的人，把正直的人放在不正直人的頂上位置，那不正直的人也會變得正直了。」樊遲退下，見到子夏，說：「剛才我見老師，請問知的事，老師答以『把正直的人放在不正直人的頂上位置，那不正直的人也會變得正直了。』請問是什麼意思呀？」子夏說：「老師這話，含意有多豐富呀！舜有天下，在眾人中挑選人才，結果選出皋陶出來，那些不仁的人都遠離了。湯有了天下，推舉伊尹出來，不仁的人也都遠離了。」

【講析】

此章問仁問知（智），孔子答以愛人、知人為重。由孔子所言看來，樊遲所問可能是與從政有關。「舉直錯諸枉，能使枉者直」，是指推舉正直的人居高位，風教所及，會使枉曲的人也歸乎正道，為何要知人？其實與愛人有關。王夫之認為孔子強調要知人愛人並用，才能完成至高的王道理想，他說：「蓋愛人者，聖人之全體，而其用在知人。故仁以智為先務，而智非獨用，並於仁而見功。此性中合同一致之理，而天德王道所以並行而不悖也。」

12.23

子貢問友。子曰：「忠告而善道之，不可則止，無自辱焉。」

【注釋】

1忠告：本忠心以告之。

2善道：善於引導。道，同導。

3不可則止：遇到對方不以為然、不表同意則止。不可，指朋友不以為可。止，指我停止忠告善道。

4無自辱：勿自取其辱。無，禁止詞，同勿。

【語譯】

子貢問交友之道。老師說：「朋友犯錯，應盡忠直告，又要善於引導，但他如表明不願聽從，就得停止，千萬不要自取其辱。」

【講析】

朱子曰：「友所以輔仁，故盡其心以告之，善其說以道之。然以義合者也，故不可則止。若以數（數其罪）而見疏，則自辱矣。」說的很有道理。朋友與我的關係，是平等的關係，沒有主從上下之別，一方無須對一方絕對服從，這便是朱子所謂的「以義合」，所謂「以義合」，就是以合理的理由結合，這理由不是必然的，也不是永久的，當一方對「義」的解釋與我不相同時，就沒有「合」

的關係存在了，因此朋友的關係是自由的，開放的，因為自由開放，所以朋友一倫就不是禁錮了。

另此章錢穆以為必是子貢之問有專指，而記者略之，否則孔子當不專以此為說。此說亦可參考。

12.24

曾子曰：「君子以文會友，以友輔仁。」

【注釋】

1 以文會友：以禮樂文章來交友。文，指禮樂文章。

2 以友輔仁：良友相輔以行仁。

【語譯】

曾子說：「君子以禮樂文章來交友，良友相輔相勉以行仁。」

【講析】

上言共學，下言適道，其樂融融。朱子曰：「講學以會友，則道易明；取善以輔仁，則德日進。」讀此章，知儒者群聚輔仁之景象。王夫之曰：「夫人苟為君子而有志於仁，則未有不以詩、書、禮、樂為靜修之業矣。故一時之意氣不足取，枯寂之意見不足尚，必以文會之，而陶淑於雅正之途，以成乎儒者之素業。於是而相與求之於文者，即以相與求之於道。言有物也，行有則也，不徒習其度數文章，而以治吾性情之疵累，心日醇矣，皆友之輔矣。若孤行己意而自許以仁，博愛泛交而不以其道，其何足以為君子哉！」王夫之此處的「文」指的不是專門的學問，而是足以調節身心的藝術，因為藝術「不徒習其度數文章」，才能如他說的達到「陶淑於雅正之途」，此說真能把握孔子的真精神。

卷七

子路第十三

子路篇：共三十章。多與施政有關。

13.1

子路問政。子曰：「先之，勞之。」請益。曰：「無倦。」

【注釋】

1 先之：凡事自己先做。

2 勞之：先勞苦自己。蘇軾曰：「凡民之行，以身先之，則不令而行。凡民之事，以身勞之，則雖勤不怨。」

3 請益：請問能否多說一點。子路以為太簡，故請夫子增益。

4 無倦：勿倦。

【語譯】

子路問為政之道。老師說：「叫人民做前，自己先做做看；要人民勞苦之前，自己先勞苦看看。」子路問還有什麼要增加的，老師說：「照著做，不倦怠就好了。」

【講析】

以子路個性言，孔子教的先之、勞之，也許都能做到，但是否會有恆，就不能確定了，這是逞一時之勇者的通病，所以最後還要他無倦。吳棫言：「勇者喜於有為而不能持久，故以此告之。」也許因此再告。但如子路聽了夫子之言後不再「請益」，這重要訊息就無法點出。

13.2

仲弓為季氏宰，問政。子曰：「先有司，赦小過，舉賢才。」曰：「焉知賢才而舉之？」曰：「舉爾所知。爾所不知，人其舍諸？」

【注釋】

1 **先有司**：有二意，一指先任命有司，二指讓有司先做。今從二解。有司，朱子曰：「眾職也。」指在宰官之下的各專業主管官員。

2 **爾**：汝。

3 **人其舍諸**：別人會捨棄他嗎？

【語譯】

仲弓做季氏宰，請問為政之道。老師說：「先責成下面的有司負起責任來，他們如有小過，當寬赦，還要多推舉賢才來做事。」仲弓說：「怎麼知道他是賢才而推舉他呢？」老師說：「你只推舉你所知道的人就行了，你不知道的，別人會捨棄他不向你推舉嗎？」

【講析】

此章重點，在說明處理政事時須勇於負責外，更須注意各司其職，上下合作，以成眾人之事。所以須先舉人才，以使各安其位。范祖禹言：「不先有司，則君行臣職矣；不赦小過，則下無全人矣；不舉賢才，則百職廢矣。失此三者，不可以為季氏宰，況天下乎？」

13.3

子路曰：「衛君待子而為政，子將奚先？」子曰：「必也正名乎！」子路曰：「有是哉，子之迂也！奚其正？」子曰：「野哉由也！君子於其所不知，蓋闕如也。名不正，則言不順；言不順，則事不成；事不成，則禮樂不興；禮樂不興，則刑罰不中；刑罰不中，則民無所措手足。故君子名之必可言也，言之必可行也。君子於其言，無所苟而已矣。」

【注釋】

1 **衛君待子而為政**：衛國的國君想請夫子來主政。魯哀公十年，孔子自楚返衛，子路以為，衛正處於亂局之中，也許衛君有意請孔子出面解決，故有此問。胡安國言：「衛世子蒯聵恥其母南子之淫亂，欲殺之，不果而出奔。靈公欲立公子郢，郢辭。公卒，夫人立之，又辭。乃立蒯聵之子輒，以拒蒯聵。夫蒯聵欲殺母，得罪於父，而輒據國以拒父，皆無父之人也，其不可有國也明矣。」

2**奚先**：何者為先。

3**正名**：名實相符。君君臣臣、父父子子即屬。

4**迂**：迂闊不符現實。

5**君子於其所不知，蓋闕如也**：君子對他不知道的事，不亂評論。闕，缺也，空下來，存而不論。

6**君子名之必可言也**：君子具有名分，必定做名分內的事。

7**苟**：苟且隨便。

【語譯】

子路問：「假如衛君有意請老師來主政，老師最先要做什麼？」老師說：「必須先正名吧！」子路說：「有這麼扯嗎？老師真迂到這種程度了！幹嘛要正什麼名呀？」老師說：「仲由真是個粗野的漢子呢，要做個君子的話，不知道的事，至少不會亂說的。一個人的名假如不正，說起話來就不順當，說話不順當，就做不成事，事做不成，則禮樂不興，禮樂不興的話，光靠刑罰也無濟於事，等到刑罰都無濟於事的時候，人民就手足無措了。所以君子確定名目，一定要讓它說得出口，說得出口，又要都能做得到。君子對任何一句話，總要不苟且才好。」

【講析】

孔子這段話當然是在教訓子路，但對當時衛國的局勢，也做了一些背景說明，正如文中所說的

「名不正」、「事不成」、「禮樂不興」、「刑罰不中」，正是當時衛國的寫照，所以孔子認為當時衛國的政事，得從「正名」入手，所謂「正名」，就是國君得像個國君，臣子得像個臣子，之後才能談國是國、家是家的事來，這是國家要治的根本，其他手段，反而是餘事了。

此章尚有特殊點，是子路公然與孔子「頂嘴」，在孔門中，可以公開向老師頂嘴的恐怕只有子路與宰予了，當然弟子犯錯，老師也指出他們的錯誤，不稍假借，可見孔門之親之嚴。胡安國推論說：「夫子告之之詳如此，而子路終不喻也。故事輒不去，卒死其難。」子路對此章孔子之言是否「終不喻」，並無證據，而胡安國以為此章子路的表現，與他後來死難有關，也不盡合理，其實孔子正名之說與子路後來的遭遇，應分作兩回事來看，不應混為一談。但子路與孔子相談時的表情、氣氛都躍然紙上，此章以描寫而論，十分高明。

13.4

樊遲請學稼，子曰：「吾不如老農。」請學為圃。曰：「吾不如老圃。」樊遲出。子曰：「小人哉，樊須也！上好禮，則民莫敢不敬；上好義，則民莫敢不服；上好信，則民莫敢不用情。夫如是，則四方之民繈負其子而至矣，焉用稼？」

【注釋】

1 **學稼**：學習農事。種五穀曰稼。

2 **圃**：種蔬菜曰圃。

3小人哉：真像個不懂事的小人呀。此小人指見識淺的一般人，而非指品德不好之人。
4用情：以真情相待。
5繈負其子而至矣：背著孩子投奔而來。繈，包小兒之布。
6焉用稼：何用習農事。

【語譯】

樊遲請學稼穡農事。老師說：「這一點，我不如老農呀。」又請學治園圃之學，老師說：「我不如老圃呀。」樊遲出去後，老師說：「真是個不明事理像小人般的人呀，樊須這個人！施政時，上面的人好禮，下面的人民莫不會不敬的；上面的人好義，下面的人民莫不會不服的；上面的人好信，下面的人民莫不以真情相待的。政治如做到此地步，四方的人民會背著孩子來歸順你的，哪裡用自己學習種莊稼呢！」

【講析】

此章樊遲所問，記者可能有所節省，否則孔子對他的批評，就有點過當。楊時曰：「樊須遊聖人之門，而問稼圃，志則陋矣。」這說法並不正確，其實問稼圃之事並不陋，只是如問孔子此事顯然不當，因為孔子恐怕真如自己所說「吾不如老農」的。而樊遲所問，可能是提到從政是否應從自己親習稼圃入手，當時持此意見者確實有人的，《孟子》書中所載「有為神農之言者」許行，就屬此類。孔孟都以為，要政務官去務農不切實際，因為社會已發展到分工合作的階段了，從事政治的人，應把政治的專業做好，以德治感格人民，這才是為政的正途。

13.5

子曰：「誦《詩》三百，授之以政，不達；使於四方，不能專對；雖多，亦奚以為？」

【注釋】

1誦《詩》三百：把《詩經》三百篇都背誦下來了。《詩經》有三百零五篇，言三百，舉其成數。

2不達：不能有所達成。

3專對：單獨應對。專，獨也。

4奚以為：何以為。

【語譯】

老師說：「任他把《詩經》三百篇背的爛熟，把政事交給他，不能通達；派他出使四方，連單獨應對都做不到。就這樣學得雖多，又有何用呀？」

【講析】

此章是在談為政，不是在談文學或學問。

古人習《詩》，不僅專為文學掌故而已，須廣其義類，通其正變，以潤德潤身，始可學《詩》。除此之外，王夫之以為：「三百篇之中，於《風》而得十五國治亂之原，於《雅》而得朝廷治教得失之故，於《頌》而得先王先公功德之實。且其為言也，博依而善譬，和至而能感，則以之從政而政在此，以之奉使而對主君者在此。」所以學《詩》也有功能性的，但要能夠感通，僅能諷誦，距離孔門的「詩教」尚遠，故夫子言之：「雖多，亦奚以為？」但舉《詩》也可能以《詩》為例，說明學問再多，知識再高，如不懂為政的道理，嫻雅為政的方法，在施政上也可能一籌莫展。

13.6

子曰：「其身正，不令而行；其身不正，雖令不從。」

【注釋】

1 其身：指領導者本身。
2 不令而行：無須發出號令，而民眾便知實行。

【語譯】

老師說：「領導者要是操守正直，民眾無須你命令也會做的很好。操守不正的話，下再大的命令，民眾也不會聽從的。」

【講析】

本篇13.13有「苟正其身矣，於從政乎何有？」，又《顏淵》篇12.17有「政者，正也。子帥以正，孰敢不正？」，「正」這個字含意豐富，品德上講正直、講中正，方法上講走正道都是。「正」這字，多指為政者操守正直，為孔子論政時所常言，幾乎已為孔門論政宗旨，必須注意。

13.7

子曰：「魯衛之政，兄弟也。」

【注釋】

1魯衛之政：魯國與衛國的政治情勢。魯，周公之後；衛，康叔之後，本為兄弟之國，政也相似。

2兄弟也：有如兄弟一般

【語譯】

老師說：「魯國與衛國，兩國的政治情勢，跟兄弟一樣啊。」

【講析】

說魯衛為兄弟，一方面指兩國的政治文化水準，優於其他諸國，是值得感到驕傲的。但說這話也有感嘆，兩國於孔子時，都不約而同的陷於憂亂之中，政治與文化的態勢已不復當年，所以說這話也有嘆息的意思。朱子說：「本兄弟之國，而是時衰亂，政亦相似，故孔子嘆之。」

13.8

子謂衛公子荊，「善居室。始有，曰：『苟合矣。』少有，曰：『苟完矣。』富有，曰：『苟美矣。』」

【注釋】

1衛公子荊：公子荊，衛大夫。因魯亦有公子荊，故此處加一衛字。

2善居室：善於處理居室之事。此處倒不是指善於經營居室，而是公子荊寬居能容，不以物累，在處理居室上可以看出。

3始有，少有，富有：指剛開始具有，一切粗備；已有，卻不富足與已富足擁有的三個層次。

4苟：暫且湊合。

【語譯】

老師稱道衛國的公子荊善於處理他居室的事。說：「當他剛有房子時，說『湊合著用吧』。後來有了更好一點的，便說：『湊合著，也可說完備了吧。』後來有了很富麗堂皇的房子，卻說：『湊合著，算是完美了吧。』」

【講析】

此章的重點在「苟」字。「苟」字通常有不專心、凡事苟且的含意，但此處卻是好意，指不黏著、不以外物為心的意思。自居平淡，不以富貴肆志驕人，是道德與修養的自然呈現。

13.9

子適衛，冉有僕。子曰：「庶矣哉！」冉有曰：「既庶矣，又何加焉？」曰：「富之。」

曰：「既富矣，又何加焉？」曰：「教之。」

【注釋】

1僕：朱注：御車也。

2庶：眾也，人多。

【語譯】

老師到衛國的時候，冉有為他駕車。老師說：「衛國的人口真多啊。」冉有問：「人多了，要再加些什麼嗎？」老師說：「應該讓他們富足。」冉有再問：「富足了，還要加些什麼嗎？」老師說：「加以教育吧。」

【講析】

人口穩定、民生富足之後就須要教育了，教育讓人知道人與其他生物不同，這不同就是孟子所說的「人之異於禽獸者幾希矣」那個「幾希」的部分，是唯獨人所有的價值意義，人如缺少這層價值意義，就與其他禽獸無異了。舉例而言，吃飽了，便是此章「富」的觀念，一般生物多能達到，而自己吃飽了，卻能想到別人或許沒得吃，便想辦法去幫人家，讓別人也有得吃的，這是推己及人的道德行為，是一般生物都做不到的，所謂「己欲立而立人，己欲達而達人」，得靠教育才能把這層價值意義推展出去，所以孔子強調要「教之」，這是人才有的高貴處。

此章宜與《顏淵》篇12.7「足食、足兵、民信之矣」同看。

13.10

子曰：「苟有用我者，朞月而已可也，三年有成。」

【注釋】

1 朞（ㄐㄧ）月：謂周一歲之月也，即滿一年。朞，亦作期。

2 可：大致上軌道。朱注：「可者，僅辭，言綱紀布也。」

3 有成：有成果也。

【語譯】

老師說：「假如有人請我來治國，大概一年可使國政上軌道，三年之後就有具體成就了。」

【講析】

此章孔子自述其治國之能力，《史記》以為是因衛靈公不能用而發。孔子對治國一直有興趣，也認為有能力，但他遭遇都不好，並沒有機會一展長才，對當時的政治與孔子自己而言，都是可惜的事。

13.11

子曰：「『善人為邦百年，亦可以勝殘去殺矣。』誠哉是言也！」

【注釋】

1 善人為邦百年，亦可以勝殘去殺：由善人主持國政達百年之久，人民的風氣就可以勝殘去殺了。勝殘，化殘暴之人，使不為惡也。去殺，謂民化於善，可以不用殺戮。整句話是古語，朱注：「蓋古有是言，而夫子稱之。」

【語譯】

老師說：「古人說過：『由善人來主持國政達百年之久，殘暴的地方都可以變得不再殘暴，而施政者也無須用殺戮來讓人恐懼了。』這話說得真好呢。」

【講析】

與上章「三年有成」比較，顯然有差距。此章是孔子稱讚古諺語，不見得是自己的意見，但孔子的意思是，移風易俗，須花長時間、大功夫，諺語中之百年，應是比喻，而非精確時間，意即國家長期由善人執政，與下章所言「必世而後仁」，是同樣的指涉。

13.12

子曰：「如有王者，必世而後仁。」

【注釋】

1 王者：能實施王道思想的政治領袖。

2 世而後仁：經過三十年的治理，可以將仁道理想普及化。世，三十年。仁，指教化周浹。程顥曰：「周自文、武至於成王，而後禮樂興，即其效也。」

【語譯】

老師說：「如有王者興，治世三十年後，可使仁道普及。」

【講析】

前三章都提起時限的問題，13.10言「苟有用我，三年有成」，13.11引古諺謂「善人為邦百年，亦可以勝殘去殺」，此章則言「必世而後仁」，都說到所需時間。要知道古人不如現代人的嚴格，用數字時，往往視之為一種比喻或象徵，並不是「實數」。前章「三年有成」，喻施政須長期，不能只炒短線、走短途。後面的「百年」、「世而後仁」都是指政治在化民成俗，必須長期經營，不能貪圖快速。當然，「三年有成」所指自不能與「世而後仁」的仁境相提並論，仁的境界當然高於一般有成的境界，所以需要時間也相對要更長些。

13.13

子曰：「苟正其身矣，於從政乎何有？不能正其身，如正人何？」

【注釋】

1 於從政乎何有：指從事政治有何難處。

2 **如正人何**：如何正人。

【語譯】

老師說：「如果自己身正了，要從事政治有何難呀？己身不正，要如何正人呢？」

【講析】

與前章 13.6「其身正，不令而行；其不正，雖令不從」含意相同，強調一地政事之良窳，責在施政或當事者。此意孔子屢言之，可見重要。

13.14

冉子退朝。子曰：「何晏也？」對曰：「有政。」子曰：「其事也。如有政，雖不吾以，吾其與聞之。」

【注釋】

1 **冉子退朝**：冉有時為季氏宰。朝，季氏之私朝也。此處稱冉子，似應為冉有弟子所記，但觀後文冉有被斥責，又不似。

2 **何晏也**：何以晚也。晏，晚也。

3 **有政**：有政事，故遲歸。

4 **其事**：這只能稱為事。季氏宰非當國，不能稱之為有政，所以只能稱有事。朱注：「政，國政。

事，家事。」

5 **如有政，雖不吾以，吾其與聞之**：如是國政，我雖已不理國政，但還是得以聞知的。朱注：「以，用也。《禮》：大夫雖不治事，猶得與聞國政。」

【語譯】

冉有從季氏的私朝退下。老師說：「怎麼這樣晚呀。」冉有對答說：「是有政事在忙呢。」老師說：「你說的應該是有『事』，不應該說是有『政事』吧。如有國政的事，我雖然已不在職位上了，但照規矩還是得以與聞的。」

【講析】

此章說的是「政」與「事」的分別，便是基於孔子主張的「正名」理論。所謂正名，就是一切按名分做事，不不及，也不超越，以求至當。照這原則看，家事與國事應分別看，季氏之所以可以「亂政」，是季氏與別人都不知道正名的重要，把家與國的事都混淆了。王夫之曰：「上下之亂也，先竊其實，而猶存其名；竊之已久，則並其名而竊之。至於並竊其名而不忌，而大亂遂不可解。」

13.15

定公問：「一言而可以興邦，有諸？」孔子對曰：「言不可以若是其幾也。人之言曰：『為君難，為臣不易。』如知為君之難也，不幾乎一言而興邦乎？」曰：「一言而喪邦，有諸？」孔子對曰：「言不可以若是其幾也。人之言曰：『予無樂乎為君，唯其言而莫予違也。』如其善而莫之違也，不亦善乎？如不善而莫之違也，不幾乎一言而喪邦乎？」

【注釋】

1言不可以若是其幾也：不可期望一句話能達到如此，幾，期望。
2唯其言而莫予違：所說的話沒人敢違背。

【語譯】

定公問：「一句話可以興邦，有嗎？」

孔子對答說：「是不能期許一句話來興國的呀。不過我聽人說過：『為君難，為臣不易。』假如為君的真知道為君不易，從此戰戰兢兢努力國事，幾乎也可算是一言而興邦了吧？」

定公又問：「一句話可以喪邦，有嗎？」

孔子對答道：「也是不能這樣期望的。但我聽人說過：『做國君對我沒有什麼樂事可言，我覺得好的是，只要是我說的，是沒什麼人敢違抗的。』如果是好事，沒人違抗，不是很好嗎？假如說的是壞事，人家也不敢違抗，不幾乎就是一言而喪邦了嗎？」

【講析】

此章孔子答定公問，是專指國君而言，朱子解前段興邦之言曰：「因此言而知為君之難，則必戰戰兢兢，臨淵履薄，而無一事之敢忽。然則此言也，豈不可以必期於興邦乎？為定公言，故不及臣也。」後段言權力高度集中，而國君陶醉於此，是足以喪邦亡國的。權力高度集中，一是缺少制衡，二是過度自滿與自信，容易形成缺失，造成腐化，以致喪家亡國。十九世紀英國歷史學家阿克頓（Lord John Acton, 1834-1902）說過：「權力使人腐化，絕對的權力使人絕對的腐化。」（Power tends to corrupt, and absolute power corrupts absolutely.）國君主持權力遊戲，以為人不敢抗，其實根基已遭腐蝕，如此下去必至沉淪，國必不保，此理孔子在兩千多年前已點出，可見智慧。

13.16

葉公問政。子曰：「近者說，遠者來。」

【注釋】

1 近者說：附近的人很喜悅。說，同悅。

2 遠者來：遠方的人想來歸。

【語譯】

葉公問為政之道。孔子說：「能做到你治下的人民都很喜悅，沒治到的遠人都想來歸，就算成功了。」

【講析】

這是觀民意之風向，朱子曰：「被其澤則悅，聞其風則來。然必近者悅，而後遠者來也。」讓民被其澤，不是用騙術騙取人民，也不是專投民之所好，示近惠而忽遠利的作為，而是有真正好的施政。可與下章「無欲速，無見小利」之語相參。

13.17 子夏為莒父宰，問政。子曰：「無欲速，無見小利。欲速，則不達；見小利，則大事不成。」

【注釋】

1子夏為莒父（ㄈㄨˇ）宰：子夏做莒父之地的宰官。莒父，魯邑名。

2無欲速：不要求快速。無，同勿。

【語譯】

子夏做莒父宰，問行政之道。老師說：「不要求速成，不要只見小利。求速成，則無法達到目的，只見小利，則不能成就大事。」

【講析】

孔子答人問政，往往各有所答，並不統一。程顥言：「子張問政，子曰：『居之不倦，行之以忠。』子夏問政，子曰：『無欲速，無見小利。』子張常過高而未仁，子夏之病常在近小，故各以切己之事告之。」當然說的有理，但由此判斷二人個性缺失，一個未仁，一個近小，也可能有以偏概全之誤。子張、子夏可能在問題中都各有所指，記錄者往往略於所問，而詳記孔子之所答，便形成了這類的錯解，讀者應知分辨。

13.18

葉公語孔子曰：「吾黨有直躬者，其父攘羊，而子證之。」孔子曰：「吾黨之直者異於是。父為子隱，子為父隱，直在其中矣。」

【注釋】

1吾黨：猶言吾鄉。
2直躬者：直身而行者。
3攘羊：竊取人羊。
4證之：出面證實。
5隱：隱藏。

【語譯】

葉公告訴孔子說：「在我鄉有個直身而行的正直人，他父親偷了羊，他會挺身而出來作證的。」孔子說：「我鄉人的正直觀念跟你們不一樣。父親為兒子隱藏，兒子為父親隱藏，正直其實就在裡面呀。」

【講析】

此章主題在談「直」，所謂直，就是正直，所謂正直，就是一是一，二是二，對即對，錯即錯，不躲避，不回護。明明父親攘羊，孔子卻主張「父為子隱，子為父隱」，而且說「直在其中」，究竟有何道理？

這是因為「直」是一種道德，而這項道德是於父子這層關係建立後才有的，所以「直」這道德是後設的。假如把「直」與「父子之親」作一比較，父子之親顯然比「直」更為重要，因為如沒有父子（就沒有家庭），社會就無法形成，沒有一種道德是能以喪失了父子之親而可存在的，所以孔子認為所有道德都應鞏固父子之親，而非傷害父子之親，兩者相權，寧失表面的「直」而取實質的「親」，這是不得已的，但是必要的。所說的「直在其中」，就是這道理，因為喪失了父子之親，父子之間的「直道」便沒有成立的機會。

但不是說「攘羊」不是罪，此章只是說父子不可因此相互揭發，以傷天倫，並沒說攘羊之事該怎樣處理。其實假如父親真攘了羊，法律與社會正義都可治其罪，但孔子認為這項正義不能由兒子出面主持，假如兒子不以父之所為為然，他可以多方設法以「彌補」父罪，以盡孝道。在父親一邊亦然。「大義滅親」在孔子言是無法成立的，因為當天倫破滅之後，任何「大義」或者「小義」都無法存在了。

13.19

樊遲問仁。子曰：「居處恭，執事敬，與人忠。雖之夷狄，不可棄也。」

【注釋】

1 居處恭，執事敬：朱注：「恭主容，敬主事。恭見於外，敬主乎中。」

2 之：至也。

【語譯】

樊遲問要如何行仁。老師說：「平時居處容顏要恭謙，做起事來要敬謹小心，與人相處要真心相待。這幾件事，縱使到了夷狄的地方，也不可拋棄呀。」

【講析】

《衛靈公》篇 15.5 章，子曰：「言忠信，行篤敬，雖蠻貊之邦行矣；言不忠信，行不篤敬，雖州里行乎哉？」與此章含意與行文有類似處，一問仁，一問行，其實相通。又《論語》有樊遲問仁三處，胡寅曰：「樊遲問仁者三：此最先，『先難』次之，『愛人』其最後乎？」此先後應指的是仁的境界高下的問題，而非提問時間的問題。

13.20

子貢問曰：「何如斯可謂之士矣？」子曰：「行己有恥，使於四方，不辱君命，可謂士矣。」曰：「敢問其次。」曰：「宗族稱孝焉，鄉黨稱弟焉。」曰：「敢問其次。」曰：「言必信，行必果，硜硜然小人哉！抑亦可以為次矣。」曰：「今之從政者何如？」子曰：「噫！斗筲之人，何足算也。」

【注釋】

1 **士**：此處士字依《論語正義》之說為「『士』謂已仕者也。聘使之事，士為儐相，故言『使於四方』。又子貢問今之從政，從政者，士之從仕於大夫而為政也。」此說正確，但孔子所答的兩個「其次」，似不專指做官者言，可見孔子心中之士字，已含意較廣了。

2 **行己有恥**：知恥之所在，則有所不為。恥原意是指耳聞而心知，即覺悟之意。故恥字有反省、醒覺之意。

3 **使於四方，不辱君命**：派到四方交涉事務，都達成國君所命。

4 **鄉黨**：鄉里。

5 **行必果**：做一件事，一定得見成果。

6 **硜硜然小人哉**：像一塊石頭般堅毅的小人物。硜硜，小石堅確貌。指小人物見識雖淺，但往往堅決又頑固。

7 **斗筲**（ㄕㄠ）**之人**：喻斤斤計較的細人、小人，現常以「小鼻子、小眼睛」況之。斗，量名，容十升。筲，竹器，朱子言容斗二升，劉寶楠《論語正義》以為容五升。

【語譯】

子貢問：「如何才能算個士呢？」老師說：「自己能知恥，不做壞事，出使四方，都不會辱沒君命，就可以算是個士了。」子貢說：「敢問次一等呢？」老師說：「宗族的人都稱讚他孝順，鄉里的人都稱道他敬愛長上。」又問：「敢問再次一等的。」老師說：「說話實在，做事一定要得到結果，就像石頭般堅硬不知權變的人，大概也可算是其次的吧。」子貢又問：「現在從政的人如何呢？」老師說：「唉，都是斗筲一般的細人小人，要計算他們做啥呀！」

【講析】

如前說，士的定義有兩種，此處子貢所問，比較偏向做官一方，想引出孔子對當時官場的評價，但「宗族稱孝焉，鄉黨稱弟焉」與「言必信，行必果」似不專指官吏而言，但二者也是為官者的必要條件。

此章之特別，在於假如子貢在問了第一道題就停了，也就算尋常之一章，不料孔子說完子貢又問，不但問還繼續連問了三次，有點直逼老師「交心」的味道。子貢的意思，是想聽老師對當時施政做官的人作一評價，前面的話，只是引子。後來越說越下，「斗筲之人，何足算也」，不算正面回答，但他對時下政客低劣的評價，可謂躍然紙上，尤其前面的「噫」的發語詞，充滿了鄙夷的神色。《論語》記孔子言行，往往和平中正，觀此章，可知孔子生命中也帶有某些「帶性負氣」的成分。在文章而言，這種波折起伏十分可貴，也是最真實的描寫，對人性而言，明暗對照，才算曲盡了人生。

13.21 子曰：「不得中行而與之，必也狂狷乎！狂者進取，狷者有所不為也。」

【注釋】

1 中行：即中道。

2 狂：志行極高而不在乎別人批評的人。朱注：「志極高而行不掩。」

3 狷：清高自持，不隨眾與世俯仰的人。朱注：「知未及而守有餘。」

【語譯】

老師說：「無法與謹守中道的人在一起，那只好選擇與狂狷者相處了。狂者是進取的，而狷者介守，很多事狷者往往是不會去做的。」

【講析】

「中行」指不偏不倚以執守中道。但一般人往往把重點放在不偏不倚上面，很少明白必須執守「中道」。

只把重點放在不偏不倚上面，就跟「鄉愿」沒什麼兩樣，凡事以調和為目的，就所謂「和事佬」之類的了。而中道指的是合理，堅持理性，兩方如有爭議，不偏向一方，因此中行是最高的選擇，萬一無從，便選擇狂或狷。與中道相比，狂者稍逾，狷者稍不及，但都有堅守善道的意志，所以中道在狂狷之間，不在狂狷之外，孔子嘉許他們，認為他們遠勝不講道理只講關係的鄉愿之流者。

13.22

子曰：「南人有言曰：『人而無恒，不可以作巫醫。』善夫！『不恒其德，或承之羞。』」

子曰：「不占而已矣。」

【注釋】

1 **南人**：南方之人。孔子時代所指南，應是楚國所屬的長江一帶，當時是與中原文化比較有別的地方。

2 **人而無恒，不可以作巫醫**：人如無恆，連巫、醫也不能做。此是孔子所引「南人」之言，不是孔子之言。朱注曰：「巫，所以交鬼神。醫，所以寄死生。故雖賤役，而猶不可以無常，孔子稱其言而善之。」輕視巫、醫，以為「賤役」，可能是古代一時之見，其實《周禮》有司巫司醫之官，皆由士大夫為之，可見並不以巫、醫為賤。

3 **不恒其德，或承之羞**：無恆的話，可能得到羞辱。此為《易・恒・九三》之爻辭。承，繼也，進也。

4 **不占而已矣**：若無恆，巫亦不予占卜。因其無恆無心，占卜問凶吉，亦或不準。此語稍覺突兀，只得增字作解。

【語譯】

老師說：「南方人有句話說：『人如無恆，就連巫者和醫生都不能去做的』，說的真好啊。《易》不是說過了：『其德不恆的，可能會得到羞辱』。」老師又說：「只有不必占卜罷了。」

【講析】

此章之意在強調有恆的重要。文後復加子曰，大約有別於前文，但為何有此需要，連朱子也不明白，只好說：「其意未詳」了。至於「不占而已矣」一語，也因主詞不清，含意也就不明了，楊時言：「君子於《易》苟玩其占，則知無常之取羞矣。其為無常也，蓋亦不占而已矣。」大約只能如此解釋。

13.23

子曰：「君子和而不同，小人同而不和。」

【注釋】

1 和：與人和平相處，不盡求同。

2 同：相同，齊一。

【語譯】

老師說：「君子求和不求同，小人求同不求和。」

【講析】

「和」指與人和平相處，仍然不傷人格獨立。「同」指要人人相同，以求齊一之效。所以尚和是尊重個人的，而尚同講到極處往往是會泯滅個性的，在政治上，極權與非極權的差異也在此，讀者應可依類推演，得知孔子之真意所在。

13.24 子貢問曰：「鄉人皆好之，何如？」子曰「未可也。」「鄉人皆惡之，何如？」子曰：「未可也。不如鄉人之善者好之，其不善者惡之。」

【注釋】

1 **鄉人**：一鄉之人。
2 **可**：許可、認可。

【語譯】

子貢問道：「一鄉的人都喜歡他，怎麼樣？」老師說：「是不能輕言許可的。」又問：「一鄉人都討厭他，怎麼樣呢？」老師說：「也是不能輕言許可的。不如一鄉的好人都喜歡他，不好的人都討厭他，再許可他吧。」

【講析】

學問上的真理，道德上的善惡，是不能用統計來驗算、確定的，不是贊同多的就是真理、就是善了。這讓我們聯想到，民主制度雖好於獨裁制度，但如果處處以選票計算真理與正義，也是行不通的，所以強調多數的民主，也不是沒有困窘之處的。

13.25

子曰：「君子易事而難說也。說之不以道，不說也；及其使人也，器之。小人難事而易說也。說之雖不以道，說也；及其使人也，求備焉。」

【注釋】

1 易事而難說：易於共事卻難以討喜。

2 器之：以其材器之性而用之。

3 求備焉：吹毛求疵，求全責備。

【語譯】

老師說：「君子易於與他共事，卻難以討他歡喜。想用不正當方法討他喜，他是不會接受的，但他用人沒私心，用人因才。小人難於與他共事，卻容易被人討好。不以正當方法討好他，他是很歡喜的，但他用起人來，總會是求全責備。」

【講析】

朱子說：「君子之心公而恕，小人之心私而刻。天理人欲之間，每相反矣。」所說近似。

13.26

子曰：「君子泰而不驕，小人驕而不泰。」

【注釋】

1泰：寬容又安舒之態。

2驕：高傲。

【語譯】

老師說：「君子的神色總是舒泰而不高傲的，而小人的神色總是高傲而不舒泰的。」

【講析】

神態代表心境，君子心地坦然，故神色舒泰，小人心恆戚戚，神色也隨之緊張，看起來高傲，其實是靠高傲來武裝自己。

13.27

子曰：「剛毅、木訥，近仁。」

【注釋】

1剛毅：剛強又堅毅。

2木訥：質樸又不善言。

【語譯】

老師說：「剛強又堅毅、質樸又言訥，具這四種特色的人，都比較接近仁者了。」

【講析】

此章可與《學而》篇：「巧言令色，鮮以仁」相對照。楊時曰：「剛毅則不屈於物欲，木訥則不至於外馳，故近仁。」說的很正確。王夫之在《四書訓義》中說了一段話，可以引來作說明。他說：「剛、毅、木、訥，夫人不時有其質者乎？人之易屈於欲也，而能不屈者何心？人之易怠於終也，而能不怠者何心？人之趨於文而無實也，而能自守於實者何心？人之辨於言而無怍也，而能言之若怍者何心？此非清明之氣，依理以任天；惻悱之情，反求而自守者之幾乎？此仁者之不容昧者也。養其剛毅而裕其木訥，仁豈遠乎哉？有是質者，無自限而成乎偏，則學問之不容已也。」這段話，把孔子所說發揮殆盡，值得細細體會。有剛、毅、木、訥之性的人，看起來不是極聰慧，然而他們不屈於欲、不懈怠、守實又無怍，可謂把孔子所標榜的人最崇高價值全都撐持起來了，此章雖簡短，但值得細細體會。

13.28

子路問曰：「何如斯可謂之士矣？」子曰：「切切偲偲，怡怡如也，可謂士矣。朋友切切偲偲，兄弟怡怡。」

【注釋】

1切切：與人討論不同意見時，態度懇摯周到。以下皆是指與人討論意見時的態度。
2偲偲（ㄙ）：詳勉也。切切、偲偲，皆相切責之貌。
3怡怡：和悅之貌。

【語譯】

子路問道：「如何可叫個士呢？」老師說：「彼此懇摯切磋，認真討論，也能和悅，這樣就可算是士了。切切、偲偲以處朋友，和悅以處兄弟。」

【講析】

此章有問題，很難解釋周愜。

子路問士，孔子答以與人討論問題時的態度，就算與問有關，畢竟屬於「餘事」，所以孔子所答，顯得有些答非所問。胡寅言：「皆子路所不足，故告之。又恐其混於所施，則兄弟有賊恩之禍，朋友有善柔之損，故又別而言之。」恐怕是推論太過，不見得真是如此。此章又點明與朋友切磋態度要嚴切分明，對兄弟則應求和緩，顯然是兩套標準，即用胡寅的「賊恩」與「善柔」之說，也很難解說得通。也有懷疑本章應止於「可謂士矣」，之後是門人記者加。當然朋友尚義，兄弟尚恩，標準自有不同，但分辨如此，與所問何如斯可以謂之士究竟無關，強為之說，不免牽拖。

13.29

子曰：「善人教民七年，亦可以即戎矣。」

【注釋】

1 教民：朱注：「教之孝悌忠信之行，務農講武之法。」

2 七年：喻長期。古人一般使用數字，往往取其象徵意，並不精確。

3 即戎：上戰場作戰。

【語譯】

老師說：「一個善人在位，教化人民七年之久後，就可以叫他們上戰場以保衛國家了。」

【講析】

並不是驅民去征伐殺戮，而是當國危，國人都會知道效命以衛國。此章應與下章一併討論。

13.30

子曰：「以不教民戰，是謂棄之。」

【注釋】

1 以：用。

2 不教民：不教育人民知曉戰守之道。

3 棄之：拋棄。

【語譯】

老師說：「不先教育人民戰守之道，卻要他們到戰場作戰，就是拋棄人民。」

【講析】

連續兩章談的都是兵戎之事，這在《論語》上很特殊。

但孔子談到兵戎，都先把重點放在「教」上面。「教」有兩層意思，一是思想上教民為何而戰，二是技術上教民如何作戰，否則驅無知之民眾上戰場，便是把他們當成炮灰，是極殘酷的做法。孔子並不諱言兵事，但不輕言戰爭，武備是一國不可或缺者，如無法避戰，則必須求勝，求勝必須有意志與能力，要使人民具有，都得透過教育。

憲問第十四

憲問篇：共四十七章。胡寅疑此篇為原憲所記，不見得能成立。

14.1

憲問恥。子曰：「邦有道，穀；邦無道，穀，恥也。」

【注釋】

1 憲：原憲，即原思。此章直書名不書姓，故疑乃原憲自記。

2 恥：入乎耳，著乎心，即反省。反省可知恥之所在，故亦作恥辱解。

3 穀：古以穀計祿，此指領取俸祿。

【語譯】

原憲問何謂恥。老師說：「國家有道時，該出來為官食祿；國家無道時，也出來為官食祿，就是恥了。」

【講析】

「邦有道，穀」有兩解釋，一是指邦有道時，只知為官食祿，不知奉獻，則為恥；二指邦有道，固當為官食祿，便不是恥了，兩解都可通。但《泰伯》篇 8.13 言：「邦有道，貧且賤焉，恥也。邦無道，富且貴焉，恥也。」以邦有道貧且賤為恥，此處以後者解釋為佳。

14.2

「克、伐、怨、欲不行焉，可以為仁矣？」子曰：「可以為難矣，仁則吾不知也。」

【注釋】

1 克：好勝。
2 伐：自矜。
3 怨：忿恨。
4 欲：貪婪。
5 不行焉：行不通。
6 難：困難

【語譯】

（原憲又問：）「好勝心、自矜心、忿恨心、貪婪心在一人身上都行不通，可以說是仁嗎？」

老師說：「可以說是很難了，要說是仁，我不知道呀。」

【講析】

此章如為原憲又問，當與上章合。《論語正義》即併為一章。克、伐、怨、欲雖不行但在心，時時天人交戰，故說難，此境與仁仍相距極遠，故不可許以為仁矣。

14.3

子曰：「士而懷居，不足以為士矣。」

【注釋】

1 懷居：擔心居住的好壞。

【語譯】

老師說：「一個士只擔心自己居住地方的好壞，就不足成為一個士了。」

【講析】

士以天下為志，以道之得失為憂，懷居者量小，自非孔子心中之士矣。

14.4

子曰：「邦有道，危言危行；邦無道，危行言孫。」

【注釋】

1危：高峻貌，形容言行，有方正、正直意。

2孫：同遜，謙遜也。

【語譯】

老師說：「國家有道時，可正言正行；國家無道時，做事要嚴正，但說話要謙遜。」

【講析】

言遜非畏禍，但無端召禍也無益，君子也應謹慎知時。

14.5

子曰：「有德者必有言。有言者不必有德。仁者必有勇。勇者不必有仁。」

【注釋】

1有德者必有言：德行好的人，必有好的言論。

【語譯】

老師說：「有德者必有好語言，而只會說話的人，不見得有好品德；仁者必定有勇，而勇者不必都是仁者。」

【講析】

「有德者，必有言」的意思是，有德者也許並不長於語言，但其謦欬舉止，就是最美之言論，故謂。「仁者，必有勇」，亦可作如是觀。

14.6

南宮适問於孔子曰：「羿善射，奡蕩舟，俱不得其死然；禹稷躬稼，而有天下。」夫子不答，南宮适出。子曰：「君子哉若人！尚德哉若人！」

【注釋】

1 南宮适（ㄎㄨㄛˋ）：南宮适，即南容。
2 羿（ㄧˋ）：古有窮之君，善射。滅夏後相而篡其位，後被其臣寒浞所殺。
3 奡（ㄠˋ）：傳寒浞之子，後為夏後少康所誅。
4 蕩舟：朱注指可陸地行舟，喻力大。顧炎武《日知錄・奡蕩舟》言：「古人以左右衝殺為盪陣」，釋蕩舟為在舟上使力搖動，掀起巨浪，讓敵人舟覆。本文採此。

5俱不得其死然：兩人都不得善終。
6禹稷躬稼：傳說禹與后稷都躬身稼穡。
7若人：如此人。

【語譯】

南宮适問孔子道：「羿善於射，奡能蕩覆敵船，但都不得好死。禹與稷都躬身稼穡，最後都得到了天下。」孔子沒有回答。等南宮适走了，孔子說：「這個人是個君子啊！這個人是個尚德的人啊！」

【講析】

此章南宮适以兩組不同性格的歷史人物，比較其「得失」，羿與奡都是勇力型的人物，也許能建短時的奇功，但不耐久遠，而且不得善終，禹與稷則靠勤勞德治，非蠻力「而有天下」，並能傳之久遠。其實這種比喻也有強烈的功利色彩，所以孔子在聽了他的話後，暫時不作評論，但最終還是嘉許他，說他至少是個尚德不尚力的君子。

另，本章雖稱作「問」，南宮适其實在陳述意見，考其實，並非在問，故孔子也可以不回答的。

14.7

子曰：「君子而不仁者有矣夫，未有小人而仁者也。」

【注釋】

1 君子而不仁者：君子也偶有不達仁處。

2 有矣夫：也是有的吧。

【語譯】

老師說：「要說君子也會犯不仁之過，應該也是有的吧，但可確定的是，沒有一個小人會是仁者的呀。」

【講析】

謝良佐曰：「君子志於仁矣，然毫忽之間，心不在焉，則未免為不仁也。」似為君子會犯錯作寬解。此章主旨在行仁之事上，將君子與小人作一比較。君子偶有過，但此心存仁，小人則心不存仁。孔子又有「人之過也，各於其黨。觀過，斯知仁矣」（《里仁》篇4.7）的話，可一併參考。

14.8

子曰：「愛之，能勿勞乎？忠焉，能勿誨乎？」

【注釋】

1 勞：有二意，一為之辛勞，一教之勤勞。今取後者。

2 誨：教誨以使之正。

【語譯】

老師說：「愛一個人，能不教他勤勞嗎？忠於一個人，能不教誨他走上正道嗎？」

【講析】

此章愛與忠可指一般人，但以專指老師對學生的付出更為貼切，因為誨字專指教誨而言。生命並非總是一帆風順的，必定有許多難關要過，真愛一個人，要讓他具有通過考驗的能力，所以要使他接受勞苦磨練，而非逃避勞苦。同樣的，在教育中要教導學生認識對錯，讓他以後有能力選擇自己的正確道路，所以真正的愛不是一味的討好，更不是一味的迎合。

14.9

子曰：「為命：裨諶草創之，世叔討論之，行人子羽修飾之，東里子產潤色之。」

【注釋】

1 **為命**：起草外交文書。命，專指外交用的文書，要特別講究有合度的辭令。

2 **裨**（ㄅㄧˋ）**諶**（ㄔㄣˊ）**草創之**：由裨諶起草。以下四人，都是鄭國大夫。

3 **世叔討論之**：由世叔研究討論。

4 **行人子羽修飾之**：由行人子羽加以增損。行人，長使之官，子羽，即公孫揮。

5 **東里子產潤色之**：由東里子產加以潤色文彩。東里，子產所居。

【語譯】

老師說：「鄭國制一外交文書，是由裨諶起草，再給世叔研討，後來再經子羽修飾，最後再經子產整體潤色才告完成。」

【講析】

此章一是說明鄭國處理外交文書之慎重，一是說當時子產得人善用，同舟共濟，以使鄭國的政治走上軌道。《論語》多次稱到鄭子產，此章敘述為命之恭謹，為其一端。

14.10

或問子產。子曰：「惠人也。」問子西。曰：「彼哉！彼哉！」問管仲。曰：「人也。奪伯氏駢邑三百，飯疏食，沒齒無怨言。」

【注釋】

1惠人：施惠愛予人的人。子產為政其實尚嚴，但民受其惠。朱子曰：「子產之政，不專於寬，然其心則一以愛人為主。故孔子以為惠人，蓋舉其重而言也。」

2子西：朱子以為是指楚公子申，曰：「楚公子申，能遜楚國，立昭王，而改紀其政，亦賢大夫也。然不能革其僭王之號。昭王欲用孔子，又沮止之。其後卒召白公以致禍亂，則其為人可知矣。」但子產有同宗兄弟，也曰子西，錢穆以為此處所指應是鄭子西。

3彼哉彼哉：那個人、那個人啊。不很許可之辭。
4人也：猶言此人也。或說依上惠人也之例，人前應脫一仁字，當作「仁人也」。
5奪伯氏駢邑三百：伯氏有罪，桓公在管仲建議下，削奪其采邑三百戶。伯氏，齊大夫。
6飯疏食，沒齒，無怨言：伯氏從此疏食過日，終其一生，無所怨言。沒齒，到牙齒都掉光，猶言終其一生。

【語譯】

有人問子產如何，孔子說：「是個對人民有恩惠的人。」又問子西，孔子說：「那個人啊，那個人啊！」又問管仲，孔子說：「這個人啊，他剝奪了伯氏在駢邑的三百戶采邑，讓伯氏終身吃粗飯過活，但伯氏到死也沒怨過他。」

【講析】

此章是孔子答人問，評論三個歷史人物。其中評子西，雖僅說「彼哉！彼哉！」未作許可，其實也藏許可於其中，整體上，三人都算正面，但評斷還是有別。

14.11

子曰：「貧而無怨難，富而無驕易。」

【語譯】

老師說：「身處貧窮卻無怨氣很難，身處富裕而無驕態則較容易。」

【講析】

此話因事而說，沒有記事，則往往成為空言。貧而無怨，富而無驕，都各有方便，也各有難度，況某人善於安貧，某人善於守富，並不相同，難易其實不可一概而論的。

14.12

子曰：「孟公綽為趙、魏老則優，不可以為滕、薛大夫。」

【注釋】

1 **孟公綽**：魯大夫。朱子曰：「公綽蓋廉靜寡欲，而短於才者也。」

2 **趙、魏老**：晉國兩大家趙、魏之家臣。朱注：「老，家臣之長。大家勢重，而無諸侯之事；家老望尊，而無官守之責。」

3 **滕、薛大夫**：滕、薛二國的大夫。滕、薛國雖小而政繁，大夫位高責重。

【語譯】

老師說：「孟公綽這個人，要他做趙、魏兩家的家臣長，能力是綽綽有餘的，卻不可以去做滕、薛兩國的大夫。」

【講析】

看下章孔子稱孟公綽「不欲」，可知孟公綽是個廉靜寡欲的人，像這類的人，在官場上都不喜歡攬事，而喜歡避事，對要處理的公務，都顯不宜，所以孔子說他適合做大國大家的家臣，不適合做小國的大夫。大國大家的家臣可以有名而無實，但小國的大夫，是要處理許多邦國危機的，身旁也有很多瑣碎的政治事務，寬鬆靜簡的人，自不宜擔任。

14.13

子路問成人。子曰：「若臧武仲之知，公綽之不欲，卞莊子之勇，冉求之藝，文之以禮樂，亦可以為成人矣。」曰：「今之成人者何必然？見利思義，見危授命，久要不忘平生之言，亦可以為成人矣。」

【注釋】

1 **成人**：全人。完整的人，指比一般人各方面都顯得較完整的人。
2 **若臧武仲之知**：像臧武仲般的智慧。臧武仲，魯大夫臧孫紇。
3 **卞莊子**：魯卞邑大夫。
4 **文**（ㄨㄣˋ）**之以禮樂**：再加以禮樂的文飾。
5 **久要**（ㄧㄠ）**不忘平生之言**：過了很久也不忘記曾說過的話。要，約定。

【語譯】

子路問怎樣才能算是個全人。老師說：「要像臧武仲那樣的智慧，像孟公綽一樣無欲清廉，像卞莊子的勇敢，像冉求的多才藝，再加上禮樂的修養文飾，也就可以成為一個全人了吧。」又說：「現在要求全人，又何必這麼嚴格呢？見到利會想到義，明知危險當前也接受任命，與人約定的事再久也不會忘，能做到這些，也可算是個全人了吧。」

【講析】

不管叫作「成人」或是「全人」，或者後來又叫作「完人」，都指一種人格完整的人，就算只是相對而言，都是一種理想概念，在現實世界，不容易有的，要想有，只得拼湊。「臧武仲之知，公綽之不欲，卞莊子之勇，冉求之藝」這四種類型的人，基本上都源自天賦，但都須受到後天禮樂的約束薰陶，所以「成人」要兼具了先天與後天，才足以有成。因為是理想，標準太高了，這點孔子也知道，所以要藉口現今找不到，只有退而求其次了。只成一德，算不得是子路所問的「成人」，成人須兼具各方優點，是難處也是高處，雖不易至，心可嚮往之。

14.14 子問公叔文子於公明賈曰：「信乎，夫子不言、不笑、不取乎？」公明賈對曰：「以告者過也。夫子時然後言，人不厭其言；樂然後笑，人不厭其笑；義然後取，人不厭其取。」子曰：「其然，豈其然乎？」

【注釋】

1 **公叔文子**：衛大夫公孫拔，其事不可考，但《論語》此章記公明賈以三事稱之，應是謹約廉靜之士。

2 **公明賈**：公明氏，賈為名，衛人，應是公叔文子門人。

3 **信乎**：真的嗎？

4 **其然，豈其然乎**：如此，真的如此嗎？不肯定之詞，朱注：「蓋疑之也。」

【語譯】

老師問公明賈有關公叔文子的為人，說：「是真的嗎？他是不言、不笑、不取的人嗎？」公明賈說：「那是告訴你的人說得過分了，先生也是會說、會笑也會取的，只是他時機到了才說，別人就不會厭惡他說的了；碰到真該樂的事而笑，別人就不會厭惡他的笑了；合乎義理才取，別人就不會厭惡他的取了。」孔子說：「真的呀，真能如此嗎？」

【講析】

依據公明賈所敘述的公叔文子，其言行舉止幾乎已經進入聖域，並非萬不可能，但能全面做到，確實不容易，所以孔子最後說「其然，豈其然乎」，只表示懷疑，並不全盤否定。不過「時然後言」、「樂然後笑」、「義然後取」可作為君子勉勵成德的方向，是可以確定的。

14.15

子曰：「臧武仲以防求為後於魯，雖曰不要君，吾不信也。」

【注釋】

1臧武仲以防求為後於魯：魯大夫臧武仲因得罪奔邾，後自邾回到自己防的封地，請魯公許他立後，事見《左傳．襄公二十三年冬》。防，地名，武仲所封邑也。朱注曰：「武仲得罪奔邾，自邾如防，使請立後而避邑。以示若不得請，則將據邑以叛，是以要君也。」求為後於魯，請求魯君立臧氏之後於防地。

2要（ㄧㄠ）：要脅。

【語譯】

老師說：「臧武仲請求魯君讓他立臧氏之後於防邑，雖說沒有要脅其君，我不相信。」

【講析】

這是孔子批評稍早的歷史事件（此事發生在魯襄公二十三年，當時孔子才兩歲）。據《左傳》所載，臧武仲態度謙和，其詞甚遜，當時也無人指責其非者，但孔子就事論事，不以為是。楊時曰：「武仲卑辭請後，其跡非要君者，而意實要之。夫子之言，亦春秋誅意之法也。」

14.16

子曰：「晉文公譎而不正，齊桓公正而不譎。」

【注釋】

1晉文公：春秋晉國之主，名重耳。

2譎：詭也。

3齊桓公：齊國之主，名小白。

【語譯】

老師說：「晉文公詭譎而不正直，齊桓公正直而不詭譎。」

【講析】

有一次齊宣王問孟子齊桓、晉文之事，孟子對答道：「仲尼之徒無道桓、文之事者，是以後世無傳焉，臣未之聞也。」（見《孟子‧梁惠王上》）當然孟子的「臣未之聞也」是一句託辭，孟子不可能不知道桓、文之事，但不喜歡談他們，因為他們是春秋的「霸主」，所謂霸，就是以力服人，實施的權威統治，這與孟子主張的「王道」理想是背道而馳的。

《論語》此章就是談桓、文之事，可見孔子還是談的，孔子也是歷史家，不得忽視歷史上的重大事件，所以也必須談桓、文之事。朱子曰：「二公皆諸侯盟主，攘夷狄以尊周室者也。雖其以力假仁，心皆不正，然桓公伐楚，仗義執言，不由詭道，猶為彼善於此。文公則伐衛以致楚，而陰謀以取勝，其譎甚矣。二君他事亦多類此，故夫子言此以發其隱。」這裡的「譎」與「正」是比較上言，並不是絕對的意思，以儒家行仁的標準來看，以力服人的霸主，不論晉文、齊桓都是不合正道的，所以之後的孟子恥於談論他們。

14.17 子路曰：「桓公殺公子糾，召忽死之，管仲不死。」曰：「未仁乎？」子曰：「桓公九合諸侯，不以兵車，管仲之力也。如其仁！如其仁！」

【注釋】

1 **桓公殺公子糾，召忽死之，管仲不死**：齊襄公無道，形成亂局。襄公有二弟，一名糾，一名小白。亂中鮑叔牙奉公子小白奔莒，公子糾也在管仲與召忽陪同之下到了魯國，之後襄公為無知所殺，小白先回齊而成了齊君，便是桓公。桓公為除後患，請魯人殺了公子糾，想請召忽與管仲回國，召忽自殺，管仲請囚。後鮑叔牙建議任管仲為相。《公羊》以桓公為篡。

2 **桓公九合諸侯**：桓公九次會合諸侯。此處九字有三解，一是指實數，確實有九次會合諸侯之舉；二指多數，古人用三、九多屬虛數，意指多次；三是九乃「糾」之假借，糾，督也。朱注採此，糾合，即鳩合也。講析採一說。

3 **不以兵車**：言不假威力也。

4 **如其仁**：如何其仁也。讚嘆詞。

【語譯】

子路說：「齊桓公殺了公子糾，召忽死了，管仲未死。」問：「這樣說來，管仲不能算仁者吧。」老師說：「桓公九次會合諸侯，都沒有動用兵車，全是管仲之力啊。這豈不是他的仁嗎！這豈不是他的仁嗎！」

【講析】

論政治當然得論人品，但政治究竟不等於人品，所以如從人品來論政治，得從寬處，從大處來論。管仲如與召忽一樣殉主而死，後來桓公九合諸侯一匡天下的重任便無法完成。王夫之以為，管仲之仁與不仁，不當以殺公子糾時論，而當於相桓公之後論也。可謂擇其大處立論。

還有一點是孔子從不許人以仁，卻為管仲許了兩次仁，是《論語》書中難以見到的景象，用字之重，可能也有點情緒的作用。此章應與下章連讀。

14.18

子貢曰：「管仲非仁者與？桓公殺公子糾，不能死，又相之。」子曰：「管仲相桓公，霸諸侯，一匡天下，民到於今受其賜。微管仲，吾其被髮左衽矣。豈若匹夫匹婦之為諒也，自經於溝瀆而莫之知也。」

【注釋】

1 一匡天下：將天下導之於正。一，一舉也；匡，正也。

2 微：無也。

3 被髮左衽：披散頭髮，穿著左邊開襟的服飾。皆夷狄之俗。

4 豈若匹夫匹婦之為諒也：豈可如一般人守著小規矩呢。匹夫匹婦，指一般民眾。諒，誠信，此處指無關緊要的小信小義。

5 自經於溝瀆：在溝瀆中自殺。自經本指以繩上吊而死，此泛指自殺。溝瀆，河溝。

【語譯】

子貢說：「管仲不能算是仁者吧？桓公殺了他主人公子糾，他非但不能殉主而死，還做了桓公的相呢。」老師說：「管仲相桓公，使桓公稱霸諸侯，又一舉匡正了天下，人民到今天還是受到他的恩賜。假如沒了管仲，我們今天都可能披髮左衽的成了夷狄了呢。哪能像尋常百姓為了小信小義，自殺在溝瀆之中，就是死了，也沒人知道他是誰呀。」

【講析】

跟上章一樣，強調大義所在，小節就不足論了。孔子認為非常重要，顯然也因而牽動了情緒。當然無論齊桓與管仲都可能有缺點，但論政治得放大眼光，應從其成就的大事業論起，管仲的大事業為何？顧炎武言：「君臣之分，所關者在一身，夷夏之防，所繫者在天下。」（《日知錄》卷七）王夫之曰：「威足以信，恩足以孚，尊王室以正大分，合中國以立大防，而傾危渙散之天下一匡焉。」能做到這個地步，一些小信小節，當然不足與議了。

14.19 公叔文子之臣大夫僎，與文子同升諸公。子聞之曰：「可以為文矣。」

【注釋】

1公叔文子之臣大夫僎：衛大夫公叔文子的家臣僎。僎，家臣名。

2與文子同升諸公：與文子一同立於衛國之公朝。朱注：「謂薦之與己同進為公朝之臣也。」

3可以為文矣：可得文之美諡。古人常以文作為最高的諡號。

【語譯】

公叔文子推薦他的家臣僎到衛國的朝廷，與自己同朝並列，孔子聽了後說：「此人真該給他文這諡號了。」

【講析】

推薦自己的下屬去跟自己並列，讓他跟自己有同樣的地位，做同一樣的事，光是以胸襟而言，就算宏大，這種宏大，源於一種對才幹的賞識，也源於一種非凡的寬容心，他所推薦的人有可能表現得比他更好，將來也許會搶奪他的地位，而他全不在乎這些，才知道他的胸懷廣闊，毫無崖涘，諡號用了最高的「文」，可謂當之無愧了。

14.20

子言衛靈公之無道也，康子曰：「夫如是，奚而不喪？」孔子曰：「仲叔圉治賓客，祝鮀治宗廟，王孫賈治軍旅。夫如是，奚其喪？」

【注釋】

1 **夫如是，奚而不喪**：真這樣的話，為何不失其位。不喪有兩解，一指亡國，一指失位。今從後解。

2 **仲叔圉治賓客，祝鮀治宗廟，王孫賈治軍旅**：在衛國有仲叔圉幫衛靈公處理外交，有祝鮀幫忙處理宗廟祭祀，有王孫賈幫忙處理軍隊的事。仲叔圉，即孔文子。賓客，外交之事。朱注：「三人皆衛臣，雖未必賢，而其才可用。靈公用之，又各當其才。」

3 **夫如是**：既如此。

【語譯】

孔子講起衛靈公的無道來，季康子問道：「既是如此，他怎麼還沒丟了公位呀？」孔子說：「他有仲叔圉幫他處理外交，有祝鮀幫他處理祭祀，有王孫賈幫他處理國防，這樣子，又怎能失位呢？」

【講析】

本章在論賢臣的重要。孔子在論政的時候，比較不求全責備，總是從大處立論。昏君可以敗身亡國，但如用的人適當，也不見得必定落此下場，可見賢臣的作用。

14.21

子曰：「其言之不怍，則為之也難。」

【注釋】

1不怍：不慚愧，不羞愧。

【語譯】

老師說：「一人說話，老是大言不慚的，要他做起事來，就很困難了。」

【講析】

「為之也難」有兩解，一是不怍之言很難實現；一是老喜歡大開口的人總不喜歡也不會實實在在做事，期望他把事做成，戛戛乎其難矣。

14.22

陳成子弒簡公。孔子沐浴而朝，告於哀公曰：「陳恆弒其君，請討之。」公曰：「告夫三子！」孔子曰：「以吾從大夫之後，不敢不告也。君曰『告夫三子』者。」之三子告，不可。孔子曰：「以吾從大夫之後，不敢不告也。」

【注釋】

1陳成子弒簡公：陳成子，齊大夫，名恆。簡公，齊君。事在春秋哀公十四年。

2沐浴而朝：先沐浴而後朝，以示慎重。沐，洗頭；浴，洗身。

3告於哀公：向魯哀公告訴此消息。時孔子早已致仕。

4請討之：請出兵討伐。朱注：「臣弒其君，人倫之大變，天理所不容，人人得而誅之，況鄰國乎？故夫子雖已告老，而猶請哀公討之。」

5告夫三子：去告訴那三個人吧。三子，指三家，當時魯國權柄掌於三家，哀公不得自專，故使孔子告之。

6以吾從大夫之後：因為我從各大夫之後。意指我雖目前已退休，但曾是國之大夫，依例也有告示的責任。

7之三子告，不可：到三家去說了，出兵的事不被認可。之，至也。不可，指三家皆不同意。

【語譯】

齊國的陳成子弒其君簡公，孔子先沐浴然後奔赴魯國朝廷，告訴哀公道：「齊國的陳恆弒了他國君，請快發兵去討伐他吧。」哀公說：「你去告訴那三位呀！」

孔子退下後自對自的說：「我雖退休了，但身分上還是追隨在諸大夫之後，有這大事，不得不告訴國君的。可是我君卻跟我說：『你去告訴那三人吧』！」

孔子到了三家，一一報告了後，卻沒得到同意。孔子退下時又說：「我追隨在諸大夫之後，不能不告訴你們的呀。」

【講析】

齊國是大國，魯國是小國，小國要在國際主持正義，十分困難，但不見得事不可為。所以《左傳》上記孔子之言曰：「陳恆弒其君，民之不與者半，以魯之眾，加齊之半，可克也。」孔子是否說了此話，不見得可信，但此話是從「局勢」上立論，恐怕也不是孔子的真意。但當時的觀念是弒君之賊，法所必討，小國也該有勇氣以道德為號召，來彰顯此不義應討之事。無奈魯國君闇臣亂，無意於此，甘心做個無志氣的小國，讓孔子徹底傷心。

此章寫孔子心理很有意思，他對魯國的現況並不是不了解，國君無能，又大權旁落，三家只顧自己私利，不可能有「國際視野」，更不可能以道德自守自居。但想到自己曾為大臣，見此大事，自不能保持沉默，明知事無可為卻不能不說。清明的自己在告訴自己說，算了吧，這叫多管閒事，而且管了沒用，但浪漫又有理想的自己卻又說，這事不得不管，兩面掙扎，他兩次說：「以吾從大夫之後，不敢不告也」，其實是說給自己聽的。這話聽起來有些慘澹，孔子仗義執言並不是因為自己是大夫之後，而是有一種更蓬勃且有點浪漫的正義感在後面驅使自己，但外面的世界實在太壞了，孔子只有設一個理由，把他蓬勃的初志稍稍掩藏起來。

此章發生的事在魯哀公十四年，當時孔子已七十一歲，兩年後，孔子就死了。可見孔子一直到老，仍然有主持正義的信念，還會仗義執言，具有年輕人的血氣與衝勁，一點沒有一般老人明哲保身的習氣，這點尤須注意。

14.23

子路問事君。子曰：「勿欺也，而犯之。」

【注釋】

1犯：冒犯。朱注：「犯，謂犯顏諫爭。」

【語譯】

子路問事君之道。老師說：「不能欺騙他，而可以冒犯他。」

【講析】

對國君盡說好聽的，所言便近欺，欺君便不忠；要告訴國君真實的事，就是國君以為冒犯，也是不得已的。范祖禹言：「犯非子路之所難也，而以不欺為難。故夫子教以先勿欺而後犯也。」

孔子的這句話，在歷史上發揮了極大的作用，傳統中國的人臣，莫不以直言直諫作為人臣的標準，在朝廷上，抗顏直諫不計毀譽的人臣可謂不計其數，應是受到此言的鼓舞。臣是可以冒犯君的，文天祥《正氣歌》中言：「皇路當清夷，含和吐明庭。時窮節乃見，一一垂丹青」，就是這種狀況。臣之冒犯君在於講理，它的影響力，一方面在提高了政治中的道德意義，一方面在為專制君權增加一種平衡的作用，讓政治的解釋權不盡落在掌權的一方。

14.24

子曰：「君子上達，小人下達。」

【注釋】

1上達：往上求達。

2下達：往下求達。

【語譯】

老師說：「君子總是往上處求達，因此德業日進，小人專向低處求達，所以德業日下。」

【講析】

此章有兩種說法，一說上是達於道，下是達於器，小人也可各隨其業，以達其目標，則君子、小人是就地位而言；朱子以為：「君子循天理，故日進乎高明；小人殉人欲，故日究乎汙下。」君子、小人便是指才德而言了。今從後說。

14.25

子曰：「古之學者為己，今之學者為人。」

【語譯】

老師說：「古人為自己做學問，今人為別人做學問。」

【講析】

《論語》時代有個語言習慣，兩相並舉，前者為勝，如：君子／小人、古人／今人，此章所言，當然以古人是對的。

「為己」不是自私，而是為自己做學問；「為人」不是捨己，而是為別人、為別的目的做學問。單純的只為自己做學問，可以從吾所好。請回想本書 1.1 所說：「學而時習之，不亦說乎？」抱著喜悅之情求學問，是自發且自由的，才可以求得真正的學問；為別人或別的目的做學問，不是心甘情願的，學問缺了純粹性，也做不好。《荀子》言：「君子之學也，以美其身；小人之學也，以為禽犢。」文中的「為禽犢」是指讓學問成為禮物，有討好別人或世俗的意味，與此章之意有相通之處。

學問當然可以濟世，但初為學，不必懷有濟世之情，因為很可能受到濟世「市場」的影響，把學問當成必須獲利的投資。當知識有了功能有了目的，就不再單純也不再「好玩」了，孔子從不鼓勵愁眉苦臉的「苦學」的。孔門裡生活清苦又好學有成的是顏淵，但看孔子怎麼形容他：「人不堪其憂，回也不改其樂」。顏淵為學，不是為搏父母的歡心，不是追求社會的讚譽，只是單純的為了自己的喜好，而為學的真精神在此，故曰：「朝聞道，夕死可矣。」（《里仁》篇 4.8）

14.26

蘧伯玉使人於孔子。孔子與之坐而問焉，曰：「夫子何為？」對曰：「夫子欲寡其過而未能也。」使者出。子曰：「使乎！使乎！」

【注釋】

1 **蘧（ㄑㄩˊ）伯玉使人於孔子**：蘧伯玉，衛大夫，名瑗。《史記・孔子世家》謂孔子居衛時嘗住蘧伯玉家。既而返魯，固伯玉使人來也。

2 **與之坐**：請使者坐。

3 **夫子何為**：夫子指蘧伯玉。

4 **夫子欲寡其過而未能也**：夫子想寡過而不能。不曰「無過」而曰「寡過」，又曰「未能」，朱子曰：「使者之言愈自卑約，而其主之賢益彰，亦可謂深知君子之心，而善於辭令者矣。」

【語譯】

蘧伯玉派人來問候孔子。孔子請他坐，便問他道：「你們家的先生近來都做些什麼呀？」使者對答道：「我們先生想少犯些過錯，但都覺得做不到呢。」等使者辭出後，孔子說：「真是一位好的使者呀！真是一位好的使者呀！」

【講析】

此章在說明一個好的使者所該具備的條件。使者代表主人，言行要表現主人的特質，也要充分的尊重對方。這位蘧伯玉的使者，非常謹慎的回答孔子之問，他知道孔子比較重視道德問題，其答詞便也放在道德方面，說他主人有道德的自律，想「寡其過」，又為主人謙虛說「未能」，各方面都做到妥貼安適，這叫作嫻於辭令，也叫言語得體，所以孔子連呼「使乎！使乎！」，認為他是最好的使者。

14.27

子曰：「不在其位，不謀其政。」

本章重出，見《泰伯》篇8.14。

14.28

曾子曰：「君子思不出其位。」

【注釋】

1不出其位：不超越其職分以外的事。位，職位，職分。

【語譯】

曾子說：「君子要想到，凡事要不超出自己職分之外的事。」

【講析】

曾子的這句話是來自《易・艮卦》之《象辭》「艮，君子以思不出其位。」也許是曾子引用，並不是他自己的意思。也有一種說法是《易》所引《象辭》後出，曾子之言為先出。回歸本章，越職出位而思，徒勞無益，並滋紛亂，但如只說這一句，便止於謹守而已。曾子原是個保守安分的人，照此章所說，最多只做到徒善其身而已。

14.29

子曰：「君子恥其言而過其行。」

【注釋】

1 **恥其言而過其行**：此句有二解。一是將「恥其言」與「過其行」當成兩回事，朱子採此，謂：「恥者，不敢盡之意。過者，欲有餘之辭。」義即君子不敢多言，但要多行。也有以為句中「而」為「之」之誤，全句應是：「君子恥其言之過其行」，與《里仁》篇4.22「古者言之不出，恥躬之不逮」同義。今採後。

【語譯】

老師說：「君子以言過其行為恥。」

【講析】

言與行能夠相符當然最好，但如有不很相符的時候，寧行過其言，也勿言過其行，這也許比較切合孔子的本意。

14.30

子曰：「君子道者三，我無能焉：仁者不憂，知者不惑，勇者不懼。」子貢曰：「夫子自道也。」

【注釋】

1 君子道者三：道有二義，一指內涵；一指由此道得以為君子。

2 自道：自己說自己。道：陳述，說明。

【語譯】

老師說：「君子之道有三，我都還沒做成。仁者不憂，智者不惑，勇者不懼。」子貢說：「這三者正是老師講他自己啊。」

【講析】

古人以智、仁、勇為「三達德」，起源於此。智、仁、勇可以分開來看，都是各自獨立的，但也可從整體上看，三達德其實彼此相依，缺一不可，所以應將三德視之為「全德」。譬如勇而無仁，則舉措無當；勇而無智，只是逞意氣的匹夫之勇，暴虎馮河而已。有智無仁，只能賣弄小聰明；有智無勇，則無實行大事之力道，可見彼此相需，不可或缺，當然其中又以仁為中心、為骨幹，三者之中，是以仁為最不可失的。

14.31

子貢方人。子曰：「賜也賢乎哉？夫我則不暇。」

【注釋】

1 **方人**：與人比較。
2 **賢乎哉**：比別人要強嗎？乎哉，疑辭。

【語譯】

子貢一次拿自己與別人比較。老師說：「賜呀，你真比他們還賢嗎？要是我，就沒空跟他們比較了。」

【講析】

不與人比較，則怎知自己進步或退步呢？「方人」亦窮理之事，不見得全是壞事，專務於此，不免心馳物外；但缺於自省，疏於比較也是壞事。「方人」也有一說是「謗人」，謂子貢喜言人過，從而訕謗之，如此則為大過，然觀孔子言「夫我則不暇」，語甚委婉輕鬆，不似苛責，可知釋謗是錯了。

14.32 子曰：「不患人之不己知，患其不能也。」

【注釋】

1不己知：不知己。

【語譯】

老師說：「不在乎別人不知道我，只在乎自己沒有這能力。」

【講析】

《論語》類似這樣的話有多起，不如採孔子因看重而反覆叮嚀之意。《學而》篇1.16有「不患人之不己知，患不知人也。」朱子注說：「凡章指同而文不異者，一言而重出也。文小異者，屢言而各出也。此章凡四見，而文皆有異。則聖人於此一事，蓋屢言之，其丁寧之意亦可見矣。」

14.33 子曰：「不逆詐，不億不信。抑亦先覺者，是賢乎！」

【注釋】

1不逆詐：不去料想別人可能對我使詐。逆，朱子云：「未至而迎之也。」指先猜測對方未施之行為。

2不億不信：不去臆測別人可能對我不信實。億，同臆，即臆斷、猜測。

3抑亦先覺者：但別人如有使詐或不信之行為，我也會很早察覺。

4賢：明也。

【語譯】

老師說：「不去料想別人可能對我使詐，也不臆測別人有可能對我不信，但萬一別人真對我使詐或不信，我也能事先察覺，這便可算是一個賢明的人吧。」

【講析】

不去料想別人使壞，這叫品德高朗，但不會被蒙蔽，萬一別人使壞也能很快察覺，這叫清明。此處的「賢」字，既指品德高，也指頭腦清楚，賢字本有明義。

14.34

微生畝謂孔子曰：「丘何為是栖栖者與？無乃為佞乎？」孔子曰：「非敢為佞也，疾固也。」

【注釋】

1. 微生畝：姓微生，名畝。由他直呼孔子之名甚倨，也許年齒較孔子為高。
2. 栖栖者：同棲棲者、不遑寧處者。棲，原指鳥停於木上，但成語常加遑遑兩字，遑意急促、急迫，棲棲遑遑遂做急忙奔走解。
3. 無乃為佞乎：豈不是只圖個佞者嗎。佞，以言辯、口給為務。
4. 疾固：以固為病。討厭、不喜固陋者。

【語譯】

微生畝對孔子說：「孔丘呀，你為何總要棲棲遑遑的呀，不是想要做一個以言辯為務的人吧？」孔子說：「非敢以言辯為務，只是不喜歡做個固陋的人呀。」

【講析】

微生畝對孔子的詢問有點不禮貌，孔子便直言回答，也指微生所提的問題固陋。所謂固，依劉寶楠《論語正義》的解釋是：「『固陋』者，昧於仁義之道，將以習非勝是也。」

14.35

子曰：「驥不稱其力，稱其德也。」

【注釋】

1驥：良馬，據說能日行千里，又稱千里馬。

【語譯】

老師說：「能稱作『驥』的，不在於牠的力，而在於牠的德。」

【講析】

驥之為良馬，在於牠有良馬高貴的特性，不在牠能力馳千里。人也如此，必須有好的品德，否則再高的能力，對社會也無益處可言。

14.36

或曰：「以德報怨，何如？」子曰：「何以報德？以直報怨，以德報德。」

【注釋】

1以德報怨：以恩惠報答別人的怨恨。老子《道德經》有「大小多少，報怨以德」之語，或以為孔子此語出自老子，也有孔子嘗問學於老子之說。其實不相干，首先老子說的是「報怨以德」，《論語》說的是「以德報怨」，以語言來說，並不完全相同；其次孔子反對「以德報怨」，跟老子主張並不相侔。或「以德報怨」之語或當時便有，故有人問之。

2以直報怨：以正直報答怨恨。意即該怎樣就怎樣。

【語譯】

有人問：「用恩惠來報答怨恨，如何呀？」孔子說：「那要如何報答恩德呢？不如以正直來報答怨恨，以恩德來報答恩德。」

【講析】

此章十分重要，可以見出儒家之施報觀念。

也有此章孔子所言出自《老子》，倡言孔子與老子之關係，其實並不相干，在注釋中已說明。

孔子以理性處理人間的恩與怨的問題，既不濫情，也不過苛。孔子如說有人以你為敵，你須「愛你仇敵」、「左臉被打，右臉送上」，就有些是非不分的濫情了；假如說「以怨報怨，以德報德」就又稍嫌刻板，比較接近法家的主張了。「以直報怨」指用正直的方式來面對仇怨。「以怨報怨」當然是一種正直，但不是所有的正直，假如對方施怨於我卻後悔了，事後也願意盡力來「贖罪」，那他所施的怨，就並非完全不可原諒，所以「以直報怨」，該如何便如何，便為後來留下不少餘地。「以直報怨」的施報觀，以理性為主，卻也顧及了情感一面，比較起來，更為周到。

14.37

子曰：「莫我知也夫！」子貢曰：「何為其莫知子也？」子曰：「不怨天，不尤人，下學而上達。知我者其天乎！」

【注釋】

1不怨天：不埋怨上天。

2不尤人：不責備別人。

3下學而上達：下一般形而下的工夫，達到形而上的道的本體。也可說下學是通人事，上達是知天命。

【語譯】

老師說：「沒人知道我呀！」子貢說：「怎麼說沒人知道老師您呢？」老師說：「我不埋怨上天，不責怪別人，下學人事而明達天理。知道我的，恐怕只有上天了呀！」

【講析】

這章很有意思，首句「莫我知也夫」如不是埋怨就是牢騷，後面卻又說自己「不怨天，不尤人」，看起來有點矛盾。是的，人生是會有矛盾的，尤其在牽涉到自我批判時，聖人也不例外。

「下學而上達」需要討論。下學指學習應從知識的基礎與細節入手，再圖達到了解整體意義的境界，求學如在「上達」方面求入手，必定茫然，必定迂闊而不切實際，這便與所有的科學或藝術教育，都必須從基礎實驗與臨摹上開始一樣。下學不見得上達，但有上達的可能，而可確定的是，捨下學是絕不會上達的。

其次是有關「天」與「天命」的事，留到下一章一併討論。

14.38

公伯寮愬子路於季孫。子服景伯以告，曰：「夫子固有惑志於公伯寮，吾力猶能肆諸市朝。」子曰：「道之將行也與？命也。道之將廢也與？命也。公伯寮其如命何！」

【注釋】

1 公伯寮：魯人。

2 愬子路於季孫：在季孫前面說子路的壞話。愬，同訴，指進讒言或說壞話。

3 子服景伯以告：子服景伯來告訴孔子。子服景伯，魯大夫子服何。

4 夫子固有惑志於公伯寮：季孫已被公伯寮迷惑了。夫子指季孫，惑志，言受公伯寮之愬而心智迷惑。

5 肆諸市朝：公開將他殺害。肆，陳屍也，言殺害之。市朝，公開場合。

6 道之將行也與？命也：道之或將實行乎？此乃天命也。

【語譯】

公伯寮在季孫面前說子路的壞話。子服景伯把此事告訴了孔子，說：「我看我們夫子季孫已被公伯寮的讒言迷惑住了，不過我還有力量把這惹事生非的人在街頭殺掉。」孔子說：「道如將行，是命，如將廢，也是命。公伯寮能把天命怎麼樣呢？」

【講析】

善有善報，惡有惡報，是人的規則，卻不見得是天的規則，否則司馬遷不會感嘆說：「天之報施善人，何如也」了。這牽涉到天命的問題，這問題有點玄虛，有些我們明白，有些我們不明白，但世事往往不是照我們知曉的方式在做，這是有的，連自信的聖人也知道，在許多確定的事情之外，總還有些例外。

不合我們認知的邏輯，無法作合理的解釋，所發生的事，我們只好歸之於天，但「天道無常」，也無從把握，所以談不上「信」，只知其有，所以孔子說「五十而知天命」，所謂知天命，尚包含了一層含意，就是當我們為世上的事情作判斷之時，要留有一些例外的餘地。

孔子於此章三次說到命，「道之將行也與？命也。道之將廢也與？命也，公伯寮其如命何？」將道之將行將廢歸之於命，表面一切委命，缺乏剛健積極的性格，但說這話，主要是阻止子服景伯的莽撞，等於說「惡人自有天來報」之類的話，怕他真的去殺了公伯寮，而把禍事弄得更不好收拾，所以也有不得已處。天命對我有利與不利，對對方也是同樣的有利與不利，這裡說天、說天命，其用意在此，並不是說一切的人間努力都得放棄。

14.39

子曰：「賢者辟世，其次辟地，其次辟色，其次辟言。」

【注釋】

1 辟世：即避世，躲避世界。

2 辟地：避居他地，可能因亂國。

3 辟色：人主顏色不好，不以禮待我，因以避之。朱注：「禮貌衰而去。」

4 辟言：因不好的言論而避之。朱注：「有違言而後去也。」

【語譯】

老師說：「賢者可能因世界不好而避世，其次因躲避亂事而搬遷外地，其次因人主禮貌衰退而去，再其次因聽到人說壞言語而離開。」

【講析】

此章稱避世者為賢者，是因為避世為不得已，是為保持理想與原則而不得不避，避世不是目的，而是為維持人格獨立不得不採取的手段，所以避世者的清高中猶含有某些剛健的因子。

14.40

子曰：「作者七人矣。」

【注釋】

1 作者：做過此事的人。或指上述的避世、避地、避色、避言者。

【語譯】

老師說：「有避世之舉的人，總共有七人。」

【講析】

此章不好解，如指避世之賢者，似應與上章合併。《論語》記錄高隱之士有：長沮、桀溺、荷蓧丈人、石門晨者、荷蕢者、儀封人、狂接輿等共七人，但此章所言七人，是否為此，也不能確定。

14.41

子路宿於石門。晨門曰：「奚自？」子路曰：「自孔氏。」曰：「是知其不可而為之者與？」

【注釋】

1宿於石門：夜宿石門。石門，地名。

2晨門：晨間司門者。

3奚自：自何而來。奚，何也。

4自孔氏：自孔子家而來。子路為孔門弟子，自可稱來自孔家。

【語譯】

子路夜宿石門。一早經過城門，司門的人問道：「是從哪兒來的呀？」子路說：「從孔子家來的。」司門的說：「就是明知不可為，卻強要做下去的那個人嗎？」

【講析】

「知其可而不為」，是懶人；「知其不可而不為」，是道家；「知其不可而為之」，是儒家。此章「知其不可而為之」，出自石門隱者之口，原有譏諷之意，但這句話啟迪了孟子的勇氣，孟子說：「自反而不縮，雖褐寬博，吾不惴焉？自反而縮，雖千萬人，吾往矣！」（《孟子・公孫丑上》）儒門那種只問是非不問成敗，又至大至剛的氣象，正可以從這裡看出。

14.42

子擊磬於衛。有荷蕢而過孔氏之門者，曰：「有心哉！擊磬乎！」既而曰：「鄙哉！硜硜乎！莫己知也，斯己而已矣。深則厲，淺則揭。」子曰：「果哉！末之難矣。」

【注釋】

1 **擊磬**：擊奏磬這種樂器。磬是一種石製的樂器，須用木槌敲擊成響，故曰擊磬。特磬（單獨一個磬）為節奏樂器，編磬（成組分高低音的磬）可演奏旋律，孔子所擊，應是編磬。

2 **荷蕢**：擔著蕢的人。蕢，草器。

3 **有心哉！擊磬乎**：是有心情寄託的啊，這位擊磬的人。古人多以音樂寄情，故於所奏音樂中，可知一人的心情志向。

4 **鄙哉！硜硜乎**：鄙陋呀，磬聲是那樣剛強確然。鄙，無識也，知識淺陋曰鄙。硜硜，如石頭一般。譏諷孔子的音樂太剛強似不知變通。

5 **莫己知也，斯己而已**：別人不識自己，便守己一人算了罷。

6 **深則厲，淺則揭**：過水時，水太深，反正會打濕，不如就穿著衣服過吧；只有水淺時，才要撩起衣服的。出自《詩經・衛風・匏有枯葉》。厲，以衣涉水也。揭，攝衣涉水也。

7 **果哉**：真能如此。朱子曰：「果哉，嘆其果於忘世也。」

【語譯】

孔子在衛國，一天正在擊磬。一個擔著草器的人經過孔子門口，聽了說：「真有心啊！這個擊磬的人。」過了一下又說：「真是鄙陋啊！像石頭一樣呢。沒人知道你，那就守著自己算了吧。要知道過淺水要捲起衣服，過深水就不必了呀！」孔子聽了說：「真要如此，天下就沒有什麼難事了呀。」

【講析】

連續兩章都寫到不同人士對孔子的評價，兩個人都是比較接近道家思想的人，對世界都有一種徹底了悟之後的撤離態度，為生活所需，寧願採用最低的生活方式（一個看門，一個荷蕢），說他們是逃避世俗也對，說他們是回歸自然也可，他們對儒家不論在順境與困境都仍一副兢兢業業的生活態度不以為然。「深則厲，淺則揭」就是一種變通，儒門的問題就在不知變通，在他們看來，孔子與他的弟子都是傻瓜。但孔子答荷蕢者說的很妙，他說「果哉！末之難矣。」意及果能如此，就一無困難了，但問題在放棄理想，不再堅持，對儒家而言更是困難，這話的意思是，我既做不到道家的「放」，只有做儒家的「任」了，不如還是照著自己的方式過下去吧。

14.43 子張曰：「《書》云：『高宗諒陰，三年不言。』何謂也？」子曰：「何必高宗，古之人皆然。君薨，百官總己以聽於冢宰三年。」

【注釋】

1 高宗諒陰，三年不言：商王武丁居喪，三年都不說話。見《書・無逸》。諒陰，天子居喪之名。

2 君薨：國君死亡。天子亡曰崩，諸侯亡曰薨。

3 百官總己以聽於冢宰三年：百官總攝己職，聽命於冢宰三年。總己，總攝己職。

【語譯】

子張問道：「《尚書》上說：『高宗居喪，三年不言。』是什麼意思呀？」老師說：「哪裡只是高宗呀，古人都這樣。國君亡故了，百官都總攝己職以聽命於冢宰，共三年。」

【講析】

《陽貨》篇17.21有宰我之問：「三年之喪，期已久矣。」可見在孔子時代，喪期之事，便有爭議。大約農耕時代，在生活比較悠閒，經濟條件也不窘迫之下，才可能有三年之喪的禮制，等到社會變得繁密，人多事雜，便不太能允許這制度了。孔子贊成三年之喪，理由是「子生三年，然後免於父母之懷。」完全是感情的緣故，因感情而得「夫三年之喪，天下之通喪也」的結論。要抬槓的話，父母對子女的昊天之德，豈三年居喪可以報答的呢？

此章是談國君三年之喪的問題，孔子在這方面，態度是比較保守的，他贊成國君也守三年之喪的，因為德治是孔子的理想，他主張國君守制時，不妨把政治權力交由冢宰負責，這是古代政令清簡的關係，但到西周初年，三年之喪在政治上就已行不通了，到孔子所在的東周，則更不可能貫徹了。這是因為一些「喪制」產生在一定時空之中，超過此時空，就變得荒唐。《論語》中出現子張、宰我之問，其實已見出時空改變的跡象了。

14.44

子曰：「上好禮，則民易使也。」

【注釋】

1民易使：人民容易接受使喚。

【語譯】

老師說：「居上位的人好禮的話，他下面的人民就比較好使喚了。」

【講析】

解釋這章也得「還原」到說此話的時空之中，不能用後來民主的觀念強加其上。現在聽「民易使」會覺刺耳，人民怎能被官員「使喚」，何況「易使」呢？但在民只可使「由」、不可使「知」的時代（《泰伯》篇8.9），比較無知的民必定被比較有知的君（或上）使喚，所以此章「易使」的推論，也就順理成章了。

君上好禮是對的，不過好禮的目的如僅在讓人民「易使」，則太具功利色彩，其實偏離了孔子真正崇禮的精神，所以此章的解釋應限制在一定範圍之內。

14.45

子路問君子。子曰：「修己以敬。」曰：「如斯而已乎？」曰：「修己以安人。」曰：「如斯而已乎？」曰：「修己以安百姓。修己以安百姓，堯舜其猶病諸！」

【注釋】

1 君子：此處指上位而言。

2 修己以敬：以恭敬修養、約束自己。

3 堯舜其猶病諸：就算堯舜都苦其不足也。病，苦其不足。病諸，病於此。

【語譯】

子路問要如何做居上位的君子。老師說：「以敬來修束自己。」子路說：「就這樣嗎？」老師說：「修己後安人。」子路說：「就這樣嗎？」老師說：「修己後再安百姓。要說修己而安百姓呀，就是堯舜都不見得能全做到呢！」

【講析】

在子路眼中，他的老師孔子有時有點近乎迂，有時又過於溫吞保守，不夠痛快。孔子的話不長，當然是有道理的，但總覺不夠淋漓盡致。譬如此章的「修已以敬」，誰不會這麼說呢，這不是老生常談嗎？所以子路不斷提問，「如斯而已乎？」問話中藏有一些不滿與輕視。孔子當然了解，他幫子路不斷推演話中的含意，最後如棒頭一喝，「堯舜其猶病諸！」說你不要瞧不起修已以安百姓（其實是從「修已以敬」來的），就連堯舜都不見得做的周全。要知道所有道德其實都是「庸德」，庸德表示道德為一般人而設，又顯示在看起來很一般又平庸的事，其中往往含有至理，不得輕忽。

14.46

原壤夷俟。子曰：「幼而不孫弟，長而無述焉，老而不死，是為賊！」以杖叩其脛。

【注釋】

1 原壤：魯人，朱注：「孔子之故人。母死而歌，蓋老氏之流，自放於禮法之外者。」
2 夷俟：蹲踞以待。見孔子來，蹲踞以待，是不禮貌之行徑。
3 幼而不孫弟：幼時不知遜悌。孫，同遜。
4 長而無述焉：長大後無可稱述者。
5 老而不死：老而無成，不死喻只是偷生。
6 賊：害也。

7以杖叩其脛：以扶杖輕擊其脛。膝上曰股，膝下曰脛。以其蹲踞，故叩其脛。

【語譯】

孔子的老友原壤蹲踞在地上等待孔子。孔子見到說：「你年幼時就不遜悌，長大了，一無可稱述的地方，現在老了，卻只曉得在世上偷生，你這種人，真是社會的禍害呢！」一邊說著，一邊用扶杖敲他伸出的腿。

【講析】

這段文字很有趣，《論語》這樣的紀錄不多，表面在責罵原壤，言行卻透露出一些開玩笑的性質，你既「夷俟」，我就「以杖叩其脛」了，有嚴正的一面，也有輕鬆的一面，讀此不可過於拘泥。錢穆曰：「禮度詳密，儀文繁縟，積久人厭，原壤之流乘衰而起。即在孔門，琴張、曾晳、牧皮，皆稱狂士。若非孔子講學，恐王、何、嵇、阮，即出於春秋之末矣。莊周、老聃之徒，終於踵生不絕。然謂原壤乃老氏之流，則非。」意指像原壤這樣的人，孔子在世時幾乎到處都有，不見得如朱子言是老氏一輩的人。

14.47 闕黨童子將命。或問之曰：「益者與？」子曰：「吾見其居於位也，見其與先生並行也。非求益者也，欲速成者也。」

【注釋】

1闕黨童子將命：闕黨地方一個童子要為主人傳達辭語。闕黨，一黨名闕，或說即闕里，孔子舊里也。童子，未成年之人。將命，謂傳達賓主之辭命。此處將命有二解，一是傳賓主之命給孔子；二是孔子令其傳命他人。今取一說。

2益者與：有否有長進之望呢？對童子的疑詞。

3居於位：與成人並坐，古時童子無席位，可見不讓。

4與先生並行：與長輩並肩而行。

5欲速成者也：想求速成罷了。

【語譯】

闕黨一童子為主人傳命，有人問：「這童子可望長進有成嗎？」孔子說：「我看他大剌剌的跟大人平坐，跟大人並行，一點謙讓的樣子都沒有，恐怕不是在求長進，而是想速成的人吧。」

【講析】

此章言教育中應教學生謙虛辭讓，將來才成人有望，孔子就譏當時有「速成文化」了，在一切講求速成，更加變本加厲的現代，更令人深思。

卷八

衛靈公第十五

衛靈公篇，共四十一章。

15.1

衛靈公問陳於孔子。孔子對曰：「俎豆之事，則嘗聞之矣；軍旅之事，未之學也。」明日遂行。在陳絕糧，從者病，莫能興。子路慍見曰：「君子亦有窮乎？」子曰：「君子固窮，小人窮斯濫矣。」

【注釋】

1 問陳（ㄓㄣˋ）：問戰爭的事。陳，通陣，戰陣。
2 俎（ㄗㄨˇ）豆之事：有關行禮的事。俎豆，禮器。
3 明日遂行：第二天就離開了。
4 在陳絕糧：在陳的地方沒飯吃了。絕糧，糧食斷絕。
5 莫能興：因病無法起身。

6固窮：固然窮；也作固守其困窮，皆可。

7濫：行為隨便，如水之四處亂流。

【語譯】

衛靈公問孔子戰爭的事。孔子對答道：「有關禮樂的事，我曾聽聞過，軍旅的事，我從未學過。」第二天就離開衛國了。到陳這地方卻沒了飯吃，跟隨的弟子都因饑餓而病倒了，連起身都不能。子路生氣的去見老師，質問說：「君子也會這般困窮嗎？」老師說：「君子在困窮時也會固守品德，而小人碰到困窮，就亂來了。」

【講析】

朱子謂：「聖人當行而行，無所顧慮。處困而亨，無所怨悔。於此可見，學者宜深味之。」此章很有意思，這衛靈公很不聰明，問孔子戰爭的事，無異在討罵。但孔子因為是客，不好直接罵靈公，就是罵他也不見得聽得懂，只能選擇走了。「在陳絕糧」一段，一方面寫孔子倔強的一面，一方面寫子路有按捺不住的性格，連老師都敢衝撞冒犯。看到「君子固窮」四字，知道孔子是有意氣也有血性的，儒者不做和事佬，很多地方是寧死不屈的。

不過朱子說的「處困而亨」是有問題的，亨，通也，他的意思是孔子知道自己目前雖然處困，而終必通達，因此無所怨悔。其實孔子經過陳蔡之阨，也沒真正通達過。萬一孔子知道後來必定通達，也真的通達了，則此有目的的「固窮」，便顯得有點裝腔作態，缺乏道德的張力了。

15.2

子曰：「賜也，女以予為多學而識之者與？」對曰：「然，非與？」曰：「非也，予一以貫之。」

【注釋】

1多學而識：多學而記憶於心。識，同志，記也。

【語譯】

老師說：「賜呀，你以為我是多學而記憶於心的那種做學問的人嗎？」子貢對答說：「是呀，難道不是嗎？」老師說：「不是的，我學問是可以一貫的。」

【講析】

「一以貫之」在書中出現了兩次，一次是孔子與曾子討論「吾道」的問題，這次討論的是「吾學」的問題，表面看似有不同，但學與道本身相通，意義相差並不大。「夫子之道，忠恕而已矣」（《里仁》篇 4.15）一語是曾子的體悟，但並未得夫子的印可，也許對也許錯，但此處孔子又提出「一貫」，卻也一樣沒作解釋，讓人猜測孔子所言的一貫，究竟指何而言。

「一貫」是什麼不好猜，有一個意思很清楚，孔子以為他的學問有整體性，是可以相互貫穿連結的，當然學問的方法要從博聞入手，但博聞是手段不是目的。此章孔子不贊成別人說他的學問是「多學而識」的，所謂多學而識，指的是學問的方向很廣大，說自己不是多聞而識，有些謙虛的含意，但也不僅是謙虛而已，因為識這個字，古代與志字通，志，記也，指的就是記憶、記誦，說自己的學問不是「多學而識」，等於是說我的學問不是記誦之學。但孔子也說過：「默而識之，學而不厭，誨人不倦，何有於我哉？」（《述而》篇 7.2）於此，豈非矛盾？

一個說的是求學的門徑，一個說的是學問的目的，不可不分別來看。此處孔子是強調儒學有個更大更整體性的精神在，是這個精神，把所有也許零碎的東西貫穿起來，也是可以用來印證整體生命的。至於究竟是什麼，孔子並未明說，但孔子從不想操縱知識、賣弄學問，這是可確定的，讀者可參考《子罕》篇 9.6，孔子曾言：「君子多乎哉？不多也」。學問不以多取勝，至少孔子之學絕不是支離破碎的。

也有注本言及一貫，謂孔子告曾子者義深，告子貢之義淺，因而判斷曾子、子貢所學有高低深淺之別，其實並不相干。

15.3

子曰：「由！知德者鮮矣。」

【注釋】

1 知德者：對德有正確認識的人。

【語譯】

老師說：「由啊，對德有正確認識的人很少呢。」

【講析】

孔子這句話說得突然，一是沒有對發語的背景做描述；二是既感嘆知德者鮮卻對德未作解釋，可能是孔子本來就語焉未詳，也可能是記者所漏記，朱子以為「此章蓋為慍見發也。」說是孔子生氣後的語言，又因為前面呼了聲「由」，便推論孔子所罵的是子路，從而分析子路挨罵的理由，由此穿鑿之論不斷。個人以為，在無任何證據佐證之下，此章應作尋常看。孔子感嘆當時人不知德不知仁，是很正常的，孔子興感時，正好子路在側，便叫了聲「由」了，這興嘆不見得是針對子路而發的，更不能由此推論，說子路只好勇而不好德。

15.4

子曰：「無為而治者，其舜也與？夫何為哉，恭己正南面而已矣。」

【注釋】

1 無為而治：無特殊作為，天下卻給治理得很好，此語通常用於統天下的天子。

2 恭己正南面：端正其身的坐在朝南的大位。南面指天子坐北朝南，以統天下。

【語譯】

老師說：「要說無為而治的，應該就是舜了吧。他為何要有所作為呢？只要恭恭敬敬的端居天子之位就可以了。」

【講析】

「無為而治」恐怕是當時的流行語，不但老氏之徒談，連孔子也很愛談，《為政》篇2.1「譬如北辰，居其所而眾星共之」所描寫的，與此章「恭己正南面」的意思豈非十分相似？孔子所談的無為而治，與老氏之徒所談的並不相同，老氏之徒所說的無為，是對政治真正做到放任且不作為，甚至國家的組織都可以解散。孔子的無為有個前提，就是「恭己正南面」，持身恭敬，端居南面，其實也是一種「有為」，只是他的所為比較不露形跡而已。

後儒在討論此章時，多解釋舜之可以「無為」的原因，一般認為是能實行分治的緣故，譬如朱子就說：「無為而治者，聖人德盛而民化，不待其有所作為也。獨稱舜者，紹堯之後，而又得人以任眾職，故尤不見其有為之跡也。」所言不見得無理，但恐怕不是此章精義之所在，何況「得人以任眾職」，識人得人且任人，也是一種「有為」。

15.5 子張問行。子曰：「言忠信，行篤敬，雖蠻貊之邦行矣；言不忠信，行不篤敬，雖州里行乎哉？立，則見其參於前也；在輿，則見其倚於衡也。夫然後行。」子張書諸紳。

【注釋】

1問行：問該怎麼做，其實包括問怎麼做才能做成的意思，故朱子曰：「猶問達之意也。」

2蠻貊（ㄇㄛˋ）之邦：指化外之地。蠻，南蠻。貊，北狄。

3州里：泛指家鄉所近。

4參於前：在前方與我視覺相參，意指隨時可見。

5倚於衡：倚靠在車前橫軛上。衡，車轅上的橫木。參於前、倚於衡意指念茲在茲。

6書諸紳：寫在衣帶上。紳，衣帶也。子張覺得孔子所說重要，臨時無處可記，只得將之寫在衣帶上，等回去再行抄錄。

【語譯】

子張問怎樣才能把事做成。老師說：「說話要忠信，行事要篤敬，這樣的話，就是到了蠻貊之鄉也行得通的；說話不忠信，行事不篤敬，就算在自己家鄉，能行得通嗎？那忠信篤敬四字，要念茲在茲，須臾不離，當站立的時候，就該把它看得如立在前方一樣；乘車時，好像看到它靠在車前橫軛上一樣。能這樣之後，再去做事吧。」子張把孔子說的話寫在他的衣帶上。

【講析】

孔子教子張要「言忠信、行篤敬」，子張覺得重要，書記以示不忘。此章除了義理之外，又寫到師生之間的言語動作，有理有情貫穿其中，特別有滋味。「書諸紳」令人想起臨時找書寫工具的窘態，十分傳實也傳神。

本章主要在「言忠信，行篤敬」二語。王夫之解釋得很周愜，其曰：「夫子曰：夫人之所行於天下者，言行而已矣。而吾所以言所以行者，何恃而可行於天下乎？言期乎信也，以釋天下之疑；行期乎敬也，以消天下之侮。而信者，信之心也，己無不盡之心，而後保其非妄；敬者，無不敬也，誠無不至，而後動罔不虔。信而忠焉，敬而篤焉，人無所容其疑，無所施其侮，蠻貊之邦，雖若頑而難格，而不可疑、不可侮者，其孰能逆我乎？行矣。」讀者可於此深思。

15.6

子曰：「直哉史魚！邦有道，如矢；邦無道，如矢。君子哉蘧伯玉，邦有道，則仕；邦無道，則可卷而懷之。」

【注釋】

1 史魚：衛大夫鰌。史，官名。
2 如矢：像射出的箭一樣筆直。
3 卷而懷之：卷而藏之懷，卷，收也；懷，藏也。

【語譯】

孔子說：「正直呀，史魚這個人！國家有道時，他直挺挺的像支射出的箭，無道時，他也正直的像支箭呢。君子呀，蘧伯玉這個人！國家有道時他出來做官，無道時，他可以把才幹卷藏起來。」

【講析】

這兩人，孔子都欣賞，但好像對蘧伯玉更欣賞一些。太過剛直，最後常會惹禍上身，為智者所不取。天下有道則現，無道則隱，說明再高的理想家也得照顧現實。

15.7

子曰：「可與言而不與之言，失人；不可與言而與之言，失言。知者不失人，亦不失言。」

【語譯】

老師說：「可以跟他說，卻不跟他說，這叫做失人；不可跟他說，卻跟他說，這叫做失言。一個聰明人，是既不失人，也不失言的。」

【講析】

孔子說的不失人也不失言，指的是智者的行徑。這叫度量情勢之後，再做最佳的選擇，絕不把可用於推廣道德的資源給浪費了，聰明人都有幾分這種本事的。

但要知道這應是做官，或一般應世的態度，卻不是對從事教育的人說的。從事教育的人，寧知其不可教也得教，往往不計成敗，教育上，能做多少就做多少，是不可輕言放棄的。孔子曾說：「有教無類」，要知道，「類」中也包括智與愚的，也就是再笨再沒反應的人，如不放棄自己，孔子認為也得教他，不過得多方設法而已，如以本章為標準，孔子的施教，豈不既失人又失言呢？平心而論，在教育家與一般智者之間，孔子似乎更會選擇做教育家的。

15.8

子曰：「志士仁人，無求生以害仁，有殺身以成仁。」

【注釋】

1 **志士仁人**：志士。有志之士也。仁人，成德之人，具仁德素養之人。

2 **無求生以害仁**：不因求生而傷害了仁。

【語譯】

老師說：「志士人，不因求生而傷害仁德，有的還會以殺身來完成仁德。」

【講析】

「殺身成仁」這句成語的來源在此。這句成語，在中國歷史上曾發揮很大而且很正面的作用，很多民族氣節之士，在生命受到威脅考驗時，往往都會想到這一句，而做了很重大的選擇，如宋末文天祥的《衣帶贊》寫道：「孔曰成仁，孟曰取義，唯其義盡，所以仁至。讀聖賢書，所為何事？而今而後，庶幾無愧！」他本於極高志節，終不屈而死。

此章「無求生以害仁」是沒問題的，而「有殺身以成仁」這句不要講得太僵硬了，請記得「殺身以成仁」之前是一「有」字，不是「必」字，「有」指是有志士仁人會選擇這個方式，但並不鼓勵所有的人都得照此規矩，因為求仁行義有很多不同方式，能活著實現正義，不必死殉的為最好。程頤說：「實理得之於心自別。實理者，實見得是，實見得非也。」是說每個都得以個人所面對的真實狀況作為評斷的依據，不是每個人都必須如此。又說：「古人有捐軀殞命者，若不實見得，惡能如此？須是實見得生不重於義、生不安於死也，故有殺身以成仁者，只是成就一個是而已。」

15.9

子貢問為仁。子曰：「工欲善其事，必先利其器。居是邦也，事其大夫之賢者，友其士之仁者。」

【注釋】

1 **工欲善其事，必先利其器**：工匠要想把事做好，必先把工具準備好。

2 **友**：結交某人為友。動詞。

【語譯】

子貢問如何行仁。老師說：「一個工匠想把工作做好，得先把工具準備妥當。當你住在一個國家，一定要在此國的賢者手下做事，並且與此國的仁者相交往。」

【講析】

此處也是成語「工欲善其事，必先利其器」的來源。這句成語，到現在還在普遍使用。程頤言：「子貢問為仁，非問仁也。故孔子告之以為仁之資而已。」所以「工欲善其事，必先利其器」只是方法，而非解釋仁的內涵。程頤之有此言，是怕人誤會孔子論仁有「工具化」的現象。

15.10

顏淵問為邦。子曰：「行夏之時，乘殷之輅，服周之冕，樂則《韶》《舞》。放鄭聲，遠佞人。鄭聲淫，佞人殆。」

【注釋】

1 **問為邦**：問如何治國。朱注：「顏子王佐之才，故問治天下之道。曰為邦者，謙辭。」這個說法有點多餘，其實治國與治天下道理相通，顏子雖賢，但是否真有王佐之才，也待商榷。

2 **行夏之時**：用夏代的曆法。古時有換朝代便換曆的作法。夏代以寅為正（音ㄓㄥ，正月也）稱人正；商代以丑為正，稱地正；周代以子為正，稱天正。以寅為正，接近後世的陰曆，比較合於農時，朱子曰：「然時以作事，則歲月自當以人為紀。」故孔子主張行夏之時。

3 **乘殷之輅**：乘坐殷商時的車。輅，也作路，大車。夏時車輛尚很原始，周則過於文飾，孔子尚實，故主乘殷之輅。

4 **服周之冕**：戴周代的冠冕。周代禮樂大興，冠服可作代表。孔子尊奉周公所制禮樂，故主服周之冕。

5樂則《韶》《舞》：音樂則用舜時音樂《韶》與周初時音樂《武》。《舞》為《武》之誤。孔子曾在《八佾篇》3.25稱《韶》盡美盡善，雖稱《武》盡美未盡善，但也十分贊許。《論語正義》採俞樾《群經平議》，認為「舞當讀為武」，舉《周官・鄉大夫五》曰「興舞歸」，《穀梁》作「獻武」為證。

6放鄭聲：禁絕鄭地的音樂。

7遠佞人：遠離喜逞口才、惹事生非的人。

8淫：過當、過分。淫原意水漫延開來之貌，後指一切浸淫過當的狀況。

9殆：危險。

【語譯】

顏淵問治國之道。老師說：「用夏代的曆法，乘殷代的大車，穿周代的冠服，音樂要用《韶》《武》。禁絕鄭地的靡靡之音，遠絕會逞口舌的佞人。鄭聲過當，而佞人太危險了。」

【講析】

政治是在處理眾人之事，方法不能拘泥，更不能一成不變。此章所言，在於截長補短，以求合理。當然治國治天下，要注意的事很多，急切的或更不在此，「行夏之時，乘殷之輅，服周之冕」僅是舉例說明在制度上取長補短，不是所有治國者之必然。

15.11

子曰：「人無遠慮，必有近憂。」

【語譯】

老師說：「一個人若無長遠的思考，必定會碰到立即的憂困了。」

【講析】

此處的遠近，一指時，一指地，都可通。遠慮指人要往大處遠處看，小處近處不見得必定無憂，但因親身感受得到，比較可靠智慧解決。

15.12

子曰：「已矣乎！吾未見好德如好色者也。」

【注釋】

1已矣乎：感嘆詞。

【語譯】

老師說：「唉！我沒見好德像好色一般的人呀。」

【講析】

此章與《子罕》篇9.17重出，多「已矣乎」三字，可見此語孔子常說，弟子也反覆記錄。雖然儒家以為道德發自內心，但好德與好色比較，好德比較幽微，不易展現，好色為生物求生本能，幾乎人人具有，好色並不壞，而且是維繫生存所必須，但假如人僅好色而不好德，則人只停留在一般生物層次，缺乏人的特殊意義，是故孟子說：「人之異於禽獸者幾希矣」了。

此章說好德者難求，意思是表明道德之崇高，並非在喪人志氣，而在勉人在立德上更加努力，立爭上游。

15.13

子曰：「臧文仲其竊位者與？知柳下惠之賢而不與立也。」

【注釋】

1 竊位：竊取官位。

2 柳下惠：魯大夫展獲，字禽，食邑柳下，諡惠，故稱柳下惠。

3 與立：與之並立朝廷。

【語譯】

老師說：「臧文仲大概是竊居了位子的人吧？不然明知道柳下惠賢，怎會不給他個位置，與自己並立朝廷呢？」

【講析】

政治家必須有道德，但政治家的道德跟一般人之不同，在於一般人的道德可以「獨善其身」，政治則講究各方協力，不可唱獨角戲。此章主旨在獎勵推賢，臧文仲立於朝，不知柳下惠，是不明也，知而不舉，是蔽賢，都犯了錯，所以孔子責他竊取官位。《論語》多處稱道臧文仲，此處卻強力譴責，可見孔子就事論事，是非分明。

15.14

子曰：「躬自厚而薄責於人，則遠怨矣。」

【注釋】

1 躬自厚：對待自己嚴格，責己厚。

【語譯】

老師說：「責己厚而責人薄，則遠離人之怨恨。」

【講析】

此章「自厚」很容易讓人誤會為對自己豐厚，此處「躬自厚」乃責己嚴之意，《春秋繁露・

仁義法篇》有「以仁治人，以義治我，恭自厚而薄責於外」諸語，應是出於此。「遠怨」有兩義，一是指別人之怨，朱子曰：「責己厚，故身亦修；責人薄，故人易從。所以人不得而怨之」，是此類。二是指己無怨懟之心。怨懟之情，多是對別人或社會而言，如薄責於人，則可避免，錢穆言：「責己厚，責人薄，可以無怨尤。誠能嚴於自治，亦復無暇責人。」類此。

15.15 子曰：「不曰『如之何，如之何』者，吾末如之何也已矣。」

【注釋】

1 如之何，如之何：該怎麼辦該怎麼辦。朱注：「熟思而審處之辭也。」

2 末：通無。

【語譯】

老師說：「從不說『該怎麼辦，該怎麼辦』的人，我對他也不知該怎麼辦了。」

【講析】

此章鼓勵自省與提問，與《述而》篇 7.8「不憤不啟，不悱不發」的意思一樣，可並讀。短短一句，出現三次「如之何」，有點玩文字遊戲的味道，也很幽默，造成語言上特殊的迴盪效應，更令人沉思其義。

15.16

子曰：「群居終日，言不及義，好行小慧，難矣哉！」

【注釋】

1 群居終日：即終日群聚。

2 言不及義：所言不及有意義之事。

3 好行小慧：喜好耍小聰明。

4 難矣：言難以成人也。

【語譯】

老師說：「一群人成天聚在一塊，說的都是不合道義的事，又喜歡耍些小聰明，像這樣的人，是很難望其成人的啊！」

【講析】

此章描寫眾人群聚的狀況很傳神，到現在，世俗一般人的相處依然是「群居終日，言不及義，好行小慧」，過了兩千多年，人類此方面的行為模式與道德處境好像改善得並不多。但不論古代與現今，做君子的都應要求超越，在這幾方面不能從眾。

15.17

子曰：「君子義以為質，禮以行之，孫以出之，信以成之。君子哉！」

【注釋】

1義以為質：以義做為君子的本質。義，宜也，泛指一切正當的事。

2孫以出之：以謙遜的態度呈現。孫，同遜。

3信以成之：以忠誠信實完成所有。

【語譯】

老師說：「君子要以義為本質，以禮來推行，以謙遜來表現，以忠誠信實來完成。這樣才算個君子呀！」

【講析】

表面看起來是幾件事，其實是一件事的表裡、先後而已，故程頤說：「義以為質，如質幹然。禮行此，孫出此，信成此。此四句只是一事，以義為本。」義是一切事的合理狀態，但道德家一談起義，往往熱血填膺，凜凜之姿容易給別人形成壓力，反而抵銷了成果。所以孔子說要很禮貌的，很謙遜的，很忠信的以求完成，說這才叫作君子。近人李澤厚讀此章，認為儒家教義應盡量使現代生活更具人情味，更重協調、和解、合作、互助精神等等。李的推論很正面，其實這些孔子早預想到了。

15.18

子曰：「君子病無能焉，不病人之不己知也。」

【注釋】

1 病：以之為病，擔心有此毛病。

【語譯】

老師說：「君子擔心沒這能力，不擔心別人不知道。」

【講析】

這話孔子說了又說，如《學而》篇1.16有：「不患人之不己知，患不知人也。」又《學而》篇1.1也說：「人不知而不慍。」汲汲遑遑以求人知，恐怕是世上人類知識分子共有之通病，孔子知此，故反覆說明，不斷糾正。

15.19

子曰：「君子疾沒世而名不稱焉。」

【注釋】

1 疾：與病通。以之為疾也。

2名不稱：有二義。一指名不顯揚，不足為人稱許；二指名實不符，或聲名超過事實。今從前解。

【語譯】

老師說：「君子擔心死後無可稱道。」

【講析】

前章戒汲汲以求人知，此章則擔心不為人知，看起來有矛盾，但孔子之意在一人名聲後面的德業真實成就，並不是徒具名聲而已。

此章的解讀很多，重點略有不同。有人以儒家好名與道家無名為別，如錢大昕在《十駕齋養新錄》中言：「聖人以名立教，未嘗惡人之名也。孟子曰：『令聞廣譽施於身』，所以不願人之文繡也。令聞廣譽，非名而何？唯聲聞過情，斯君子恥之耳……道家以無為宗，故曰聖人無名，又曰無智名、無勇功；又以伯夷死名與盜蹠死利並言，此悖道傷教之言，儒者所弗道也」，說的很對，但孔子的意思其實很簡單，也沒有與別家互別苗頭的意思。還是范祖禹說的比較平實，他說：「君子學以為己，不求人知。然沒世而名不稱焉，則無為善之實可知矣。」

15.20 子曰：「君子求諸己，小人求諸人。」

【語譯】

老師說：「君子凡事要求自己，小人總是要求別人。」

【講析】

楊時以為以上三章其實相連，其義是一貫的，他說：「君子雖不病人之不己知，然亦疾沒世而名不稱也。雖疾沒世而名不稱，然所以求者，亦反諸己而已。小人求諸人，故違道干譽，無所不至。三者文不相蒙，而義實相足，亦記言者之意。」此章含意為君子責己周全，一切自求多福，不必看人臉色而已。

15.21

子曰：「君子矜而不爭，群而不黨。」

【注釋】

1 矜而不爭：莊重而不與人爭，矜，莊重，持重。朱注：「莊以持己曰矜。然無乖戾之心，故不爭。」

2 群而不黨：合群而不結黨營私。

【語譯】

老師說：「君子莊敬自守，不與人爭；合群，但不結黨營私。」

【講析】

王夫之解釋這段文字很好，他說：「蓋君子之持己也，『矜』也；名節在於我之自立，必不能與流俗同其志趣。而本天以全吾之名節，非與天下之滅廉毀恥者競得失，『不爭』也；則持己嚴，而於與人也亦無忤矣。君子之與人也，『群』也；和平一因其性情，原不忍棄斯人於異類。而本以養吾之和平，非欲藉天下之依附比周者共功利，『不黨』也；則與人寬，而於持己終無損矣。」說得極周愜又議論堂堂，又有點義憤填膺，王夫之身處在明代亡國的時代，懼道義之淪喪，很多悲劇是孔子時代沒有的，所以感觸尤深。

15.22

子曰：「君子不以言舉人，不以人廢言。」

【語譯】

老師說：「君子不會因為一個人會說話而推舉他，也不會因為一個人人品不佳而否定他說的話。」

【講析】

會說話不見得有好品德，所以不以言舉人；而有道理的話，不盡是有德者才能說出來的，所以不以人廢言。德與才識，有時應分開來看，是此章的意思。

15.23

子貢問曰：「有一言而可以終身行之者乎？」子曰：「其恕乎！己所不欲，勿施於人。」

【注釋】

1 一言：一字

2 恕：了解他人的心底，即同情與寬容。

3 施：行也。

【語譯】

子貢問：「有一個字可以終身遵行的嗎？」老師說：「應該是『恕』這個字吧！自己不願意的事，也不願發生在別人身上。」

【講析】

一言而可終身行之，恐怕不只恕之一字，孔子此處特標恕字，應有特殊之意涵。人格是自己的事，但發展成道德，必須與別人連結，因為道德是建立在人我關係上的，所以應如何對待別人是極重要的。人不能光想自己，也應該想到別人，不光想自己所要，也想到別人所要，這種想法就是恕。道德發揮的極致是國治天下平，想到國治天下平，豈不是恕道的擴展嗎？

恕就是以我之心忖度別人，就是同情，就是推愛。明儒羅汝芳講平生所學，特別強調恕字的重要，學生問他「孔門恕以求仁，先生如何致力？」他以親身經驗說出這一段話，特別值得參考，他說：「方自知學，即泛觀蟲魚，愛其群隊戀如，以及禽鳥之上下，牛羊之出入，形影相依，悲鳴相應，渾融無少間隔，輒惻然思曰：『何獨於人而異之？』後偶因遠行，路途客旅，相見即忻忻，談笑終日，疲倦俱忘，竟亦不知其姓名。別去，又輒惻然思曰：『何獨於親戚骨肉而異之？』噫！是動於利害，私於有我焉耳。從此痛自刻責，善則歸人，過則歸己，益則歸人，損則歸己，久漸純熟，不惟有我之私，不作間隔，而家國天下，翕然孚通，甚至髮膚不欲自愛，而念念以利濟為急焉。三十年來，覺恕之一字，得力獨多也。」讀者可反覆斯言。

15.24 子曰：「吾之於人也，誰毀誰譽？如有所譽者，其有所試矣。斯民也，三代之所以直道而行也。」

【注釋】

1 吾之於人：我之對人。人指與孔子同代之人。

2 誰毀誰譽：毀了誰，譽了誰？朱注：「毀者，稱人之惡而損其真。譽者，揚人之善而過其實。」

3 試：試驗、考察。

4 三代：指夏、商、周。

5 直道而行：依正道而行。

【語譯】

老師說：「我對現在的人，毀了誰又譽了誰呢？我如有所譽的，一定經過考察檢驗的。現在的這些人，都是三代以來依正道而行的那些人呀。」

【講析】

最後一句，有些不明白處，古人以古為尚，書中言及「三代」，都是正面的。也許孔子以為，我不隨便予人毀譽，跟現在大多數人是相同的，都是依據三代以來直道而行的傳統的。大約有人批評孔子對時人有所毀譽，孔子所做的辯駁與聲明。

15.25

子曰：「吾猶及史之闕文也，有馬者借人乘之。今亡矣夫！」

【注釋】

1 史之闕文：歷史記錄所缺的事。

2 有馬者借人乘之：此事不知所指，可能是誤記或誤植，不宜強解。

3 亡：無也。

【語譯】

老師說：「有些歷史沒記上的事，我倒經歷過，（中間一句含意不清，省略）現在這些都沒有了。」

【講析】

胡寅言：「此章義疑，不可強解。」確實不可解。

15.26

子曰：「巧言亂德，小不忍則亂大謀。」

【注釋】

1 巧言：好聽之言。

2 小不忍：小處不忍耐。朱注：「小不忍，如婦人之仁、匹夫之勇皆是。」

3 大謀：大事。

【語譯】

老師說：「說好聽的話會亂人品德的，小處不克制忍耐，往往有害大事。」

【講析】

君子不聽細言，也應控制感情，不要在小事上任情發作。

15.27

子曰：「眾惡之，必察焉；眾好之，必察焉。」

【注釋】

1 察：仔細審察。

【語譯】

老師說：「大家都厭惡他，必得仔細審察；大家都喜歡他，也得仔細審察。」

【講析】

一個人學識的高低，品德的評價，不能靠「民調」來決定，所以眾人好惡，不可以之評判定奪，自己要做仔細的比對與觀察，以求得真相。可參考《子路》篇 13.24「鄉人皆好之」。

15.28

子曰：「人能弘道，非道弘人。」

【注釋】

1 弘道：弘揚大道、真理。
2 弘人：弘揚個人。

【語譯】

老師說：「人能弘揚大道，但大道不是用來弘揚個人的。」

【講析】

此處的「道」，即「朝聞道，夕死可矣」（《里仁》篇4.8）的道，可見重要。道就是最高的真理，聖人可聞道而死，故這真理是無可取代的。聞道可死，就是獻身，所以說「人能弘道」。但道不是能拿來弘揚個人用的，拿來弘揚個人，就是把道當成工具，就是將之視作「器」了，要知道在哲學上，道是道，器是器，一者為「體」，一者為「用」，二者不能相混，真理也許是工具，但君子是絕不將真理當作工具來使用的。

15.29

子曰：「過而不改，是謂過矣。」

【語譯】

老師說：「有過不改，就真是過了。」

【講析】

明末清初的大儒李顒，晚年學說特別標舉「悔過自新」四字，以為立志力行之標的，他說「殺人須從咽喉處下刀，學問須從肯綮處著力。悔過自新，乃千聖進修要訣，人無志於做人則已，苟真實有志做人，須從此學則不差。」（《悔過自新說》）當是受到此章的作用。

15.30 子曰：「吾嘗終日不食，終夜不寢，以思，無益，不如學也。」

【語譯】

老師說：「我曾終日不食，終夜不飲的用來思考，發現沒有益處，還不如學習來得好呢。」

【講析】

這段話與荀子說的很接近，《荀子》言：「吾嘗終日而思矣，不如須臾之所學也」，或是脫胎於此。

孔子固然主張為學，但這個主學廢思的學問方式，似與孔子平日言行有所衝突，因為孔子說過：「學而不思則罔，思而不學則殆。」（《為政》篇 2.15）把學問變得過分理論以至玄虛是有問題的，但如過分朝「實學」的方向發展，也限制了學問的規模，所以孔子主張在學思之間，應求平衡。此章孔子之所以這樣說，可能在應付一種特殊的狀況，譬如有人在孔子面前強調思比學更重要，強調主觀勝過客觀，孔子不得不說此話以糾正他。所以朱子說：「此為思而不學者言之。蓋勞心以必求，不如遜志而自得也。」

15.31

子曰：「君子謀道不謀食。耕也，餒在其中矣；學也，祿在其中矣。君子憂道不憂貧。」

【注釋】

1餒：餓也。

2祿：做官得享俸祿。

3憂：擔心，憂慮。

【語譯】

老師說：「君子只計謀於道，不計謀於食。耕以求食，也會餓著；去學習不以求食為念，也會因做官而得食。所以君子只擔心道不足不行，不擔心窮了會餓肚子。」

【講析】

此章主旨在君子應憂道不憂貧，但中間兩句，「耕也，餒在其中矣；學也，祿在其中矣」，往往遭人誤會。一般人常將之解釋為耕田反而會餓肚皮，讀書可以做大官、發大財，因而延伸出諸如：「書中自有千鍾粟」、「書中自有黃金屋」以及「書中自有顏如玉」等俚俗的成語。其實這兩句是說，求食不見得會求得到，不求食也不見得會餓死人，要人不要把全身精力都放在謀食一事上，勉人拋開貧富的成見以求真理，所持的理由，都極為嚴正的。但這裡的「憂道不憂貧」看似嚴正卻並不冰冷，而是安定又優美的。陶淵明的好詩多來自他既恬淡又嚴正的生活，如他的《癸卯歲始春懷古田舍》其二有句：「平疇交遠風，良苗亦懷新。雖未量歲功，即事多所欣。」詩中所寫的安窮而篤定，被大多數的中國人接受，認為是極崇高而優美的生命典型，其實陶詩所詠的正是《論語》此章，因為此詩的首二句是：「先師有遺訓，憂道不憂貧。」

15.32

子曰：「知及之，仁不能守之，雖得之，必失之。知及之，仁能守之，不莊以涖之，則民不敬。知及之，仁能守之，莊以涖之，動之不以禮，未善也。」

【注釋】

1 **知及之**：智慧足以知曉治民之道也。知，智也；之，指治民之道。

2 **涖**：臨也。

3 **動之不以禮**：不依禮使民。

【語譯】

老師說：「有智慧，知道治民之道，卻不能以仁為守，這樣就算得了官位，也必失去的。有智慧，知道治民之道，也會以仁為守，卻不曉得用莊敬的態度面對人民，那樣人民就會不服了。知道如何治民了，也能用仁政守住，對待人民也很莊重，但使民興作，如不依禮，還不能算是好的。」

【講析】

朱子在做集注的時候，好幾次用了「私欲」一詞，如：「知足以知此理，而『私欲』間之，則無以有之於身矣。」又如：「知此理而無『私欲』以間之，則所知者在我而不失矣。」這是宋儒的習氣，將很多間隔、窒礙大道的東西都視作「私欲」，其實有點不相干。此章是教人治民之道，治民首先要愛民，不是耍小手段，這是最基本的，所以要人「以仁守之」，仁在這裡指的就是愛民。後面的以莊蒞之，以禮動之，都是較下較細的規則，也是從愛民（仁）這個基點發展出來的。

15.33

子曰：「君子不可小知，而可大受也；小人不可大受，而可小知也。」

【注釋】

1 小知：小處的智慧，即小聰明。

2 大受：大擔當。

【語譯】

老師說：「君子不可責以小聰明，但有大擔當，可接受大任務；小人不能接受大任務，但卻可責以小聰明，使他也能發揮。」

【講析】

朱注：「蓋君子於細事未必可觀，而材德足以任重；小人雖器量淺狹，而未必無一長可取。」這段話說得很好。提起君子、小人，評價往往雲泥，但平心而論，世界不可能都是大人物，也不可能都是才德兼美的君子，絕大多數人都有一些欠缺，就事論事，總得讓一般或比一般更低的人有發展的機會。小智與大受，在我們社會同樣需要，同不可失。後世王陽明提倡良知之學，標舉「萬物一體」的觀念，萬物都能一體了，那人間智愚卻不能包容嗎？王陽明十分強調社會底層「愚夫愚婦」的重要，他說：「與愚夫愚婦同的，是謂同德；與愚夫愚婦異的，是謂異端。」（《傳習錄》）這說法比較強烈了，當然與王所面對的時代與社會有關，這說法不見得來自孔子，但與此章的含意有互通之處，讀者應深知體會。

15.34

子曰：「民之於仁也，甚於水火。水火，吾見蹈而死者矣，未見蹈仁而死者也。」

【注釋】

1 蹈：《說文》：「蹈，踐也。」

【語譯】

老師說：「仁對人民的重要性，要超過水火呢。我見過掉到水中火中而死的人，卻沒見過行仁而死的人呀。」

【講析】

此章是說，水火對人有利有害，而蹈仁只有利而無害，人要避水火之害，卻無須避蹈仁之害，因為仁無所害。其實將行仁與蹈水火相比，本不相干，孔子這樣說，有點開玩笑的性質，也可能是在特殊的場合。

15.35 子曰：「當仁不讓於師。」

【注釋】

1 讓：指謙讓。

【語譯】

老師說：「為了求仁對老師也不見得要謙讓。」

【講析】

孔子說的這句話雖短，顯得斬釘截鐵，又十分嚴正。

老師傳道授業，當然值得尊敬，韓愈說過：「吾師道也」，又說：「道之不存，師之不存也。」

可見「道」的價值意義還超過「師」，所以當著「仁」，自也可「不讓於師」。這可與古希臘哲學家亞里斯多德說過的：「吾愛吾師，但吾更愛真理」相通，可見求真理之心無分中外。

有這觀念，才可討論真理的維護。康有為言：「禮尚辭讓，獨至於為仁之事，則宜以為己任，勇往當之，無所辭讓。即至於師，亦不必讓，師不為，則已為之，不必避長者也。」（《論語注》）儒者本有執著、剛健精神，於此可見。

錢穆疑此處之「師」為「眾」，如採此，語氣變弱，不取。

15.36

子曰：「君子貞而不諒。」

【注釋】

1 **貞**：正也。

2 **諒**：取信於人。

【語譯】

老師說：「君子行為正直，不必處處求信於人。」

【講析】

朱注：「貞，正而固也。諒，則不擇是非而必於信。」《論語正義》曰：「君子以義制事，咸合正道，而不必為小信之行。」都認為君子如自反正直無欺，無須於群人間處處求人知求人諒也。

15.37 子曰：「事君，敬其事而後其食。」

【注釋】

1後其食：把食祿的事放在後頭。後，與「後獲」之後同。食，祿也。

【語譯】

老師說：「事奉國君，要把官守上該做的事先做好，再想到得俸祿的事。」

【講析】

古時事君知道，就指從政之道。朱注：「君子之仕也，有官守者修其職，有言責者盡其忠，皆以敬吾之事而已，不可先有求祿之心也。」這是事君之道。

15.38 子曰：「有教無類。」

【語譯】

老師說：「一體施教，不分學生的類別。」

【講析】

此章與《為政》篇 2.12「君子不器」同為《論語》中最短的一章，卻旗幟鮮明，極其有力。

「有教」，可以說只講教育，不講其他。教育是孔子畢生精神所瘁的事業，他曾一度想投身政治，中年之後周遊列國，便是打算在政治上追求發展，但後來發現政治的影響再大也有局限，不如教育的作用更大更久，所以毅然束裝歸魯，此後就積極從事教育了。

官吏的培養、訓練原本須要教育，所以教育古已有之，不是孔子所開創。孔子的教育與同時的教育是很不同的，他的教育不是為訓練官吏為主，而是培養社會以德性為根本的各式人才，他的學生來源不同，施教不分賢愚貧富，孔子曾自言道：「自行束脩以上，吾未嘗無誨焉。」（《述而》篇 7.7）這是中國第一個平民教育，教育的目的不僅是造就官吏，而且是造就術德兼修的真正人才。

漢代人看孔子，把他當成政治家，說孔子是「素王」，雖然名高位顯，卻不是孔子的真相，直到宋朝人稱孔子為「至聖先師」，才掌握到了孔子的真精神。孔子之學有不同的面目，也有不同的功能，而命脈其實只在教育一項，所以教師是多麼重要的工作。「有教無類」雖僅四個字，卻是《論語》一書最高的期許，最重要的宣言。

15.39

子曰：「道不同，不相為謀。」

【注釋】

1道不同：朱子云：「不同，如善惡邪正之類。」

【語譯】

老師說：「道的認識不相同，雙方就難共聚謀事了。」

【講析】

意見不同，可共同商討，但對道（最基本的真理）的認識不同，就根本沒有商討的機會了。

15.40

子曰：「辭達而已矣。」

【語譯】

老師說：「文章修辭，只求達意便可。」

【講析】

辭達有兩層含意，一是指外交上辭令言，奉使傳命，只求正確傳達，不得使人曲解；二是指一般的修飾文辭，不以富麗為工，朱注採此說。如專指外交辭令，影響不大，但用以指一切文辭均以達意為尚，不求富麗，則影響到文學的發展與批評。文學如品德，最好能「文質彬彬」，如不能平衡，到底要以質為重或以文重，歷來爭議不休。

「辭達而已矣」如傳達的是孔子的文學思想，在文學上，孔子無疑是「尚質」一派，事實上歷來文論，採此意見者甚多，李白《古風・大雅久不作》：「自從建安來，綺麗不足珍。聖代復元古，垂衣貴清真。」反綺麗、貴清真，其實就是追慕孔子辭達而已矣的境界。「尚質」就是「尚實」，提倡的就是現在所謂的寫實主義。但過於嚴格寫實，時時以現實自限，便往往會缺乏想像，也會影響到文學的發展，從事文學的人，也須知此。

15.41

師冕見，及階，子曰：「階也。」及席，子曰：「席也。」皆坐，子告之曰：「某在斯，某在斯。」師冕出。子張問曰：「與師言之道與？」子曰：「然。固相師之道也。」

【注釋】

1 **師冕見**：樂師冕來見孔子。師，樂師也，冕，樂師名。古樂師皆盲者。

2 **與師言之道**：與樂師說話的方法。

3 相（ㄒㄧㄤˋ）師之道：幫助樂師的方法。相，助也。

【語譯】

樂師冕來見老師，走到臺階時，老師說：「這是臺階。」到坐席時，老師說：「這是坐席。」等大家都坐定，老師告訴他說：「某人在這兒，某人在那裡。」師冕出去後，子張問道：「這是與樂師說話的方式嗎？」老師說：「對，這就是幫助樂師的方法啊。」

【講析】

此章記事記言均細緻而傳神，也可見孔子的善良與細心。所有德行，須從細微處顯現。范祖禹言：「聖人不侮鰥寡，不虐無告，可見於此。推之天下，無一物不得其所矣。」錢穆言：「孔子與師冕言，其辭語從容，誠意懇至，使人於二千五百載之下猶可想慕，在孔子則謂相師之道固應如此而已。然其至誠懇惻之情，則正以見聖人之德養。」

季氏第十六

季氏篇共十四章。洪興祖曰：「此篇或以為《齊論》。」《季氏》之後五篇，文體與前十五篇多有不同。崔述曰：「《季氏》以下五篇，文體與前十五篇不類，其中或似《曲禮》，或似《莊子》……其采之也雜也，其作之也晚矣。」是否從《齊論》來，無從確定，但從文體上言，確實如崔述言，應是《論語》中較晚的材料與紀錄。

16.1

季氏將伐顓臾。冉有、季路見於孔子曰：「季氏將有事於顓臾。」

孔子曰：「求！無乃爾是過與？夫顓臾，昔者先王以為東蒙主，且在邦域之中矣，是社稷之臣也。何以伐為？」

冉有曰：「夫子欲之，吾二臣者皆不欲也。」

孔子曰：「求！周任有言曰：『陳力就列，不能者止。』危而不持，顛而不扶，則將焉用彼相矣？且爾言過矣。虎兕出於柙，龜玉毀於櫝中，是誰之過與？」

冉有曰：「今夫顓臾，固而近於費。今不取，後世必為子孫憂。」

孔子曰：「求！君子疾夫舍曰欲之而必為之辭。丘也聞有國有家者，不患寡而患不均，不患貧而患不安。蓋均無貧，和無寡，安無傾。夫如是，故遠人不服，則修文德以來之；既來之，則安之。今由與求也，相夫子，遠人不服而不能來也；邦分崩離析而不能守也。而謀動干戈於邦內。吾恐季孫之憂，不在顓臾，而在蕭牆之內也。」

【注釋】

1 **季氏將伐顓**（ㄓㄨㄢ）**臾**：顓臾：國名，魯之附庸。季氏將伐顓臾事，崔述懷疑，以為無稽，最主要是子路為季氏宰時在魯定公世，冉有為季氏宰在魯哀公時，不可能兩人同來問此事，且顓臾之伐經傳不載，更為可疑，見《洙泗考信錄》。但也有調和意見，如朱子以為：「此云爾者，疑子路嘗從孔子自衛反魯，再仕季氏，不久而復之衛也。」又經傳不記伐顓臾事，洪興祖曰：「伐顓臾之事，不見於經傳，其以夫子之言而止也與？」這些說法都很勉強。

2 **冉有、季路見於孔子曰**：二人非同時在季氏家服務，似不宜同時來問孔子。又此語言「見於孔子」，文法甚怪，為《論語》書中罕見。梁啟超亦甚疑之，見其《古書真偽及其年代》。

3 **東蒙主**：魯國東部蒙山之主祭。魯曾使顓臾主祭於東部之蒙山。

4 **邦域**：封域。

5 **社稷之臣**：指顓臾為附庸尚屬公家，可算是社稷之臣。朱注：「是時四分魯國，季氏取其二，孟孫、叔孫各有其一。獨附庸之國尚為公臣，季氏又欲取以自益。故孔子言顓臾乃先王封國，則不可伐；在邦域之中，則不必伐；是社稷之臣，則非季氏所當伐也。」

6夫子欲之：是季氏有意。夫子指季氏。
7周任：古之良史。
8陳力就列，不能者止：就自己的地位盡力陳述意見，真行不通也就不幹算了。列，位也。
9彼相：指季氏之家宰。
10虎兕（ㄙˋ）出於柙：老虎與野牛跑出了籠子。兕，野牛。柙，獸籠。
11龜玉毀於櫝中：靈龜與玉石毀壞在匱中。龜與玉為寶器；櫝為盛龜玉之匱。
12固而近於費（ㄅㄧˋ）：城池堅固如季氏的費城。費，季氏之私邑。
13舍曰欲之，而必為之辭：捨其貪利之說，而更做他詞。
14不患寡而患不均：不擔心少而擔心不平均。
15修文德以來之：整修自己的文德來招徠他們。
16蕭牆之內：指魯哀公。古時人君於門後樹牆，以為屏障，就是屏風。臣來屏前必保持靜肅，故曰蕭牆，蕭，肅也。蕭牆之內，應指魯君哀公。其後哀公果欲以越伐魯而去季氏，似被孔子不幸而言中。

【語譯】

季氏將要進兵攻打顓臾，冉有、季路見到孔老師說：「季氏要對顓臾用兵了。」

孔老師說：「求啊，這豈不是你的過錯嗎？說起顓臾，他曾為先王所派去主祭東蒙山，而且在魯國封域之內是個社稷之臣呀，怎麼能去征伐他呀？」

冉有說：「是我們的主人季氏要的，我們兩個做人臣的都不想呀。」

孔老師說：「以前周任說過：『就你的地位盡力陳述你的意見，行不通，就不幹算了。』你家主人碰到了危險，你們不去扶持，要跌倒了，不去拉他一把，他要用你們兩個家宰來幹嘛？況且你說錯了，要知道把危險的老虎或野牛從獸籠放出來，讓珍貴的龜玉在匱中毀了，是誰的過錯呢？」

冉有說：「現在那顓臾城池堅固又離費城很近，目前不取，一定成為後世子孫的憂患。」

孔老師說：「求啊！君子討厭那些心裡明明有私欲卻不敢說，非要造一個藉口的人。我曾聽人說過，有國的諸侯有家的大夫，不要擔心少，要擔心不均，不憂慮窮困，要憂慮不安。平均了，就沒有貧；和睦了，就沒寡；安頓了，就沒傾亡這類的事了。像這樣，遠人不服，我就修文德來招徠他們，他們來了，就安頓他們。今天你們兩人，遠人不服不能招徠，國家將要分崩離析了卻不能守住，而只計畫在國內用兵。我恐怕季孫的憂慮不在顓臾，而在蕭牆之內的國君呢！」

【講析】

本篇文字駁雜，與《論語》其他篇章比較，很容易看出不同。

首先本篇記孔子之言，都說是「孔子曰」而非「子曰」，這證明是較晚的紀錄，應完成於孔子再傳弟子或其再傳弟子之手，因為到此時，弟子所遇的老師已多，不加姓無以區別。

其次是此章篇幅過長，與《先進》篇 11.25 章都是書中著名的長篇，當然長的文字，在孔子之前如《詩》《書》中都有，不可作為唯一的依據，整體而言，《論語》的文字簡單、直接、不轉彎是特色，而此章文字也確實「不類」《論語》的一般風格。

最嚴重的是此章內容是否合於史實的問題，一個是子路與冉有仕於季氏時代不同，不可能一同去問孔子，朱子已有懷疑，但朱子的結論是猜想子路陪孔子自衛返魯時，又曾再度仕於季氏，這應是牽合之說。另是「季氏將伐顓臾」事，經崔述指出此事根本與史實不符，崔述對此章的評價，自有根本動搖的作用。

細看此章，記冉有與子路同時去請教孔子，全章都是冉有與孔子在對話，子路在旁一句話也沒說，顯然並不合理。《史記》載子路少孔子九歲，冉有少孔子二十九歲，可見子路年長冉有許多，在弟子之列，輩分高低明顯，《論語》記子路個性鮮活，只要有他在，都是搶先第一個說話，夫子待之，也較常人更為親切，此處站立一旁做默默狀，已甚為可怪，而孔子之言也只是對冉有而發，僅最後帶及「今由與求也，相夫子」一次，這樣的描寫，就令人懷疑。

當然此章所記孔子之言都很有道理，譬如孔子說：「丘也聞有國有家者，不患寡而患不均，不患貧而患不安」等，到現在還是治國者在處理經濟問題時的依據。但此言是否真的是孔子之言，即使是孔子之言，是否專針對季氏將伐顓臾一事所說的，還須辨明。要知道，善是建立在真實的基礎上的，不真實的善比較沒有價值，假造出來的善更不能算是善。

16.2

孔子曰：「天下有道，則禮樂征伐自天子出；天下無道，則禮樂征伐自諸侯出。自諸侯出，蓋十世希不失矣；自大夫出，五世希不失矣；陪臣執國命，三世希不失矣。天下有道，則政不在大夫。天下有道，則庶人不議。」

【注釋】

1 **禮樂征伐自天子出**：禮樂是天子才能制定的，征伐的權力也操持在天子手中，非天子不得變禮樂、專征伐，此是傳統「大一統」的觀念。

2 **十世希不失**：十世之後少有不失國的。希，同稀，少也。

3 **陪臣執國命**：家臣把持國命。

4 **政不在大夫**：大夫不得專政。

5 **庶人不議**：一般人不議論政治。朱子言：「上無失政，則下無私議，非箝其口使不敢言也。」

【語譯】

孔老師說：「當天下有道時，一切禮樂征伐都由天子做主，天下無道，禮樂征伐就由諸侯做主了。由諸侯做主，很少做到十代還不失手的；如由大夫做主，很少有五代的；由家臣做主，則很少能拖過三代。天下有道，主政的不在大夫。天下有道，一般人是不議政治的。」

【講析】

在傳統「大一統」的觀念下，雖講上下互通，彼此合作，但天下興亡的命脈還是操持在天子一人手上，「禮樂征伐自天子出」就是這個觀念的產物，我們希冀天下太平，就須要期許有個像堯舜的「聖人」來領導統治天下，否則生靈塗炭，只有認命。

楊伯峻說：「孔子這一段話可能是從考察歷史，尤其是當日時事所得出的結論。」指出越到後代，政治上的權力鬥爭越為激烈，因而行成亂局，當然這也是一種觀察的方式。康有為認為「天下有道，則政不在大夫。天下有道，則庶人不議」句中的兩個「不」是衍文，全句應為「天下有道，則政在大夫。天下有道，則庶人議」，無疑更進一步，將近代來自西方的民主或議會政治的觀念帶入古代，是否能成立自有問題，但如此討論也很有趣。

16.3

孔子曰：「祿之去公室，五世矣；政逮於大夫，四世矣；故夫三桓之子孫，微矣。」

【注釋】

1 **祿之去公室，五世矣**：爵祿賞罰的權不從魯君出，已五世了。五世指宣公、成公、襄公、昭公、定公，說明魯之大權已旁落。

2 **政逮於大夫，四世矣**：魯國政由大夫主導，也已有四代。四世指季孫氏文子、武子、平子、桓子。

3 **三桓之子孫，微矣**：三桓的子孫，也衰微了。三桓指仲孫、叔孫、季孫，皆出於桓公。此三家至定公時皆衰。

【語譯】

孔老師說：「爵祿賞罰之權從國君流失，已五世了。國政下及大夫手裡，也四世了。所以三桓的子孫，到現在也衰微了。」

【講析】

此章大約是接上章來的，孔子先感嘆天下一統之權已失，後嘆自己所在的魯國也失政於大夫，再加上大夫之後也眼見逐漸凋零，從這方向看，是有些悲觀色彩。但讀此章應有另種想法，研究歷史的人該意識到，舊的不崩解，新的要如何形成呢？新的也許不如故，然而新的包含了更多的可能，是舊的秩序中所見不到的，譬如政治權力的下放，可能形成較大的公平，可能形成人民更大的福利，一個有理想卻毫無憑藉的人可能有較多「治國、平天下」的機會，可惜這些福利的前景，在孔子時代還看不太出來，當時的人，只有凋零之嘆，無有新建之望。這證明歷史須經過不斷進化，任何理想，包括民主，都不是一蹴可及的。

16.4

孔子曰：「益者三友，損者三友。友直，友諒，友多聞，益矣。友便辟，友善柔，友便佞，損矣。」

【注釋】

1 諒：誠信。

2 便辟：朱注：「習於威儀而不直。」意即喜歡裝腔作態，不夠正直。

3善柔：善於討好人，朱注：「工於媚悅而不諒。」柔指柔順以取悅人。
4便佞：巧言口辯。朱注：「習於口語，而無聞見之實。」

【語譯】

孔老師說：「有益的朋友有三種，有害的朋友也有三種。交正直的朋友，交誠實的朋友，交多見聞朋友，就有益了。交喜歡裝腔作態的人為友，交喜歡討好人的人為友，交只會說話卻無實學的人為友，那就有害了。」

【講析】

孔子之言，自有道理。中國人說話喜歡舉三為數，後面的「三樂」、「三損」、「三愆」、「三戒」、「三畏」等皆此。三者，多也，其實益友、損友不見得都只三種，仔細區分，有百十種的可能，但合起來講，以君子之交與小人之交就可以涵蓋了。

16.5

孔子曰：「益者三樂，損者三樂。樂節禮樂，樂道人之善，樂多賢友，益矣。樂驕樂，樂佚遊，樂宴樂，損矣。」

【注釋】

1益者三樂，損者三樂：樂（ㄌㄜˋ），樂事，快樂。

2 節禮樂：以禮樂調節自己。
3 驕樂：驕傲逸樂。朱注：「侈肆而不知節。」
4 佚遊：放蕩遊樂。
5 宴樂：安逸或酒食爭逐之樂。《說文》：「宴，安也。」飲食所以安體，故亦曰宴。

【語譯】

孔老師說：「有好的樂事三個，有壞的樂事三個。樂於以禮樂調節自己，樂於說人好話，樂於多交賢友，這是好的樂。樂於驕縱，樂於放蕩，樂於宴享，就是壞的樂了。」

【講析】

同樣也各舉三項，都是現實社會所存的現象，雖說得有理，但都不是那麼必然，整體而言，不免有湊數之嫌，譬如文中的驕樂、與宴樂，嚴格說來並不好清楚區隔。後世的宋明儒很喜歡談「孔顏樂處」的話題，孔與顏都困於生活過，但保持向道的樂觀，使他們不但度過了難關，而且尋到了生命的真諦。在這種情況下，孔、顏面對快樂，恐怕不會去想哪些有益哪些有損的問題了。

16.6 孔子曰：「侍於君子有三愆：言未及之而言謂之躁，言及之而不言謂之隱，未見顏色而言謂之瞽。」

【注釋】

1侍於君子：指侍奉有德位者言。

2愆（ㄑㄧㄢ）：過錯。

3言未及之而言：還沒問就說了。

4言及之而不言：已問到談到卻不說。

5未見顏色而言：不看對方顏色，輕率發言。

6瞽：盲目。

【語譯】

孔老師說：「侍奉有德位的君子往往會發生三件錯事：還沒問到他時他就說了，就是輕躁；問到他了卻不說，就是隱匿；不看對方顏色就輕易發言，就是盲目。」

【講析】

同樣是三件。這次指人在侍候長者時容易犯的錯，而這三件錯，都是說話的時機與方法不恰當，所以尹焞說：「時然後言，則無三者之過矣。」時就是把握適當的時機說話，不不過。亦不不及。

16.7

孔子曰：「君子有三戒：少之時，血氣未定，戒之在色；及其壯也，血氣方剛，戒之在鬥；及其老也，血氣既衰，戒之在得。」

【注釋】

1戒：警也。

2血氣：即生命力，精力之謂。朱注：「形之所待以生者，血陰而氣陽也。」血如何為陰，氣為何為陽，須用另一套方式解釋，但說血氣是形之所待以生者很對，如無血氣，則此形體只算是「臭皮囊」罷了。

3色：色欲。

4得：獲得，擁有。

【語譯】

孔老師說：「君子拿三件事來警戒自己。少年的時候，血氣未定，要戒惕好色。壯年時，血氣剛強，要戒惕好鬥。等到年老了，血氣已衰了，要戒惕貪得。」

【講析】

這裡孔子揭示君子所該戒惕的三件事，都與「血氣」有關，也就是與一個人的生命歷程有關。少年以色為戒，壯年以鬥為戒都好懂，年老血氣已衰，生命已到末期，一切都將灰飛煙滅的化有為無了，還有何「得」要戒？

就是因為驚覺所有的即將消亡，所以總是更為看不開，一切都須緊緊掌握在手中，到死都不放，其實是一種恐懼。孔子是傑出的心理學家，他早看出來了，所以說及老要「戒之在得」。與「得」相反的字是「放」，也就是說孔子主張人老了，就該放下一切，包括權力、金錢與名譽等等，其實也不由得你不放。陶淵明《形影神三首・神釋》：「縱浪大化中，不喜亦不懼」，適時放下一切，才能得到不憂不懼的自由。

16.8

孔子曰：「君子有三畏：畏天命，畏大人，畏聖人之言。小人不知天命而不畏也，狎大人，侮聖人之言。」

【注釋】

1 畏：敬畏，非懼怕。

2 天命：指人不能了解，無法掌握生命中有關順吉逆凶的那些事物，稱天命，是說由天所掌控，非人所能左右，故須畏之。朱注：「天命者，天所賦之正理也。」

3 大人：指居高位者。

4 狎：親狎怠慢。

【語譯】

孔老師說：「君子存有三種敬畏。敬畏天命，敬畏大人、長上，敬畏聖人所說的話。小人不知道天命不可測，所以不怕，親狎大人、長上，又戲侮聖人之言。」

【講析】

此章談「畏」，指君子應有敬畏之心，所謂敬畏，就是慎重小心，凡事不苟。

王夫之釋畏為限制，為什麼君子要有限制呢，他說：「夫子曰：夫人心有畏之一幾焉：若有所甚重，而不能勝也；若有所制之，而不敢越也；若有不勝任，而生理且無以自保，一有隕越，而天譴人尤之交至也。此其心，以負荷天下至大之責，而研存亡於毫釐之間，操存之至密者也。」因為君子是對天下有責任的，所以才要凡事黽勉敬畏有加。

此章不是要人屈從命運，而是要人敬重天命。當然儒家肯定人如努力就會有好的成就，卻不保證所有的努力都必然有成。勤勉好學如顏回，卻是「不幸短命而死矣」，證明世事有很多是人無法掌控甚至無法了解的，對這偉大莫名的秩序，人不能對之如何，只有敬之畏之了。其次又說到「畏大人」，如解釋成鼓勵向大人物靠攏效忠的話，也是錯的，孔子不是這樣的人。但要知道在孔子的時代，天下國家，還控制在一小撮站在頂端位置的人，人類剛從神權走到君權，還沒法一下子走到民權，在那時代，君臨天下，是人無法擺脫的事實，那時代的「大人」，其實都有一些「天命」的成分，除了敬畏服從，也無法可想了。聖人之言代表真理之所在，也須敬之畏之，不敢怠慢。

此處的三畏，以現在觀點看，是有些不合理的成分，也有一種妥協安命的色彩，那是古代知識未開時必然有的見解。時代的局限，聖人有時也擺脫不了的，讀此知古人精神所在即可，無須過於拘泥。

16.9

孔子曰：「生而知之者，上也；學而知之者，次也；困而學之，又其次也；困而不學，民斯為下矣。」

【語譯】

孔老師說：「生下來就知道，是最上等的；經學習而知道，是次一等的；遇到困難才去學習，又更次了；假如碰到困難還不知道學習，這類人大約是最下等的了。」

【講析】

孔子第一次以學習來分類人的等級。

天下事物不可能齊一，人是有賢愚之別的，但透過學習，可以稍補這天生不平之憾，讓比較屬於愚下不肖的人，也有平等為人的機會，所以孔子一直強調學習的重要，《論語》首章就是「學而時習之」，可見。

雖說生而知之者為上，但這天才有太多屬於「天」的部分，孔子對有關「天」的事物，是知而不求，而孔子本身就不是生而知之者（「我非生而知之者，好古，敏以求之者也」《述而》篇7.19），所以此章勉人不以非生知而自餒，要以困而不知學為惕。

16.10

孔子曰：「君子有九思：視思明，聽思聰，色思溫，貌思恭，言思忠，事思敬，疑思問，忿思難，見得思義。」

【注釋】

1 忿思難：當忿怒時，當思有災難發生。難，災難。

2 見得思義：發現有所得時，應思是否該得。朱注：「思義，則得不苟。」

【語譯】

孔老師說：「君子有九件事該考慮的：看的時候，要考慮看明白了沒；聽的時候，要考慮聽清楚了沒；說到臉色要想是否溫和，說到容貌要想是否恭敬，說話時要想到是否忠誠，做事時要想到是否謹慎，有疑時該想到是否提問了；當發怒時，是否想到有災難性的後果；見到有所得的機會，想到所得是否合乎正義。」

【講析】

讀此章令人想起《公冶長》篇 5.19，「季文子三思而後行。子聞之，曰：『再，斯可矣。』」此處不只「三思」，而且要人「九思」，豈不矛盾？其實「三思」所思是一件事，「九思」所思是九事，並不相同。

「九思」不是要人猶豫不決，而是要人周到的思考各層面的事。《論語》所記，有的有針對性，有的是一般性的，季文子的一章是針對特殊事件所發，而此章沒有特別所指，此處所論是一般事物，舉九件為例，只能說孔子是個很周密的人吧。

16.11

孔子曰：「『見善如不及，見不善如探湯。』吾見其人矣，吾聞其語矣。『隱居以求其志，行義以達其道。』吾聞其語矣，未見其人也。」

【注釋】

1 如不及：急急忙忙似來不及。
2 探湯：如以手探沸湯，急縮手。
3 隱居以求其志：隱居以求志可保。

【語譯】

孔老師說：「要說『看見善，就怕趕不及一樣的去追求，見到不善，就像探沸湯般的縮手。』我看見過這種人，我也聽過這樣的話。至於說『我要隱居以求保持自己的志向，做正義的事來完成我的正道。』我是聽人講過，卻從未見過那樣的人啊。」

【講析】

此章孔子一定有感而發，但是針對何者而言卻不可考。「隱居以求其志」不是儒家的最高理想，儒家還是想要「推己及人」的，但在一切行不通的亂世，「隱居以求其志」至少比在外頭亂來的好，至少能夠保持自己獨立的人格，當人格獨立之後，才能談到光啟後學，於道之續存，實有厚望存焉。儒門人物，隨時得有這種涵養與操持的。

16.12

（「誠不以富，亦祇以異。」）齊景公有馬千駟，死之日，民無德而稱焉。伯夷叔齊餓於首陽之下，民到於今稱之。其斯之謂與？

【注釋】

1 **誠不以富，亦祇以異**：稱頌人不以富，富亦只是與人不同而已。此語引自《詩・小雅・我行其野》，原在《顏淵》篇 12.10 章尾，程頤以為是錯簡，此八字應在此章之首。

2 **千駟**：四千匹馬。古時一車四馬，駟，車之四馬也。

3 **無德而稱**：無可稱頌之德。

4 **伯夷叔齊餓於首陽之下**：伯夷叔齊在首陽山下採薇而食，最後餓死。事見《史記・伯夷列傳》。

5 **其斯之謂與**：就是這句話的含意吧。

【語譯】

（《詩經》上說：「並不是因為富，而是因為他品格卓越。」）齊景公有馬四千匹，死的時候，人民無可稱頌的。可是伯夷、叔齊餓死首陽山下，人民到現在還稱道不已，就是這句話的意思吧！

【講析】

此章不但有錯簡的問題，似也有漏字，內容應是孔子說的，但缺了子曰或孔子曰的字樣，也許是記者漏寫，也許是傳者漏抄。

16.13

陳亢問於伯魚曰：「子亦有異聞乎？」對曰：「未也。嘗獨立，鯉趨而過庭。曰：『學《詩》乎？』對曰：『未也。』『不學《詩》，無以言。』鯉退而學《詩》。他日又獨立，鯉趨而過庭。曰：『學《禮》乎？』對曰：『未也。』『不學《禮》，無以立。』鯉退而學《禮》。聞斯二者。」

陳亢退而喜曰：『問一得三，聞《詩》，聞《禮》，又聞君子之遠其子也。』

【注釋】

1 **陳亢**：字子禽，孔子弟子。但觀此章伯魚答語作「對曰」，一說應與孔子同輩。

2 **伯魚**：孔子之子孔鯉，字伯魚。比孔子早死，生子曰孔伋，即子思。

3 **嘗獨立**：指孔子獨立於庭。

4 **趨而過庭**：很快的走過庭院。趨，快走。

5遠其子：表面是疏遠自己的兒子，意即不私厚。

【語譯】

陳亢問伯魚說：「你在你父親那裡，聽到什麼特別的東西嗎？」伯魚對答說：「沒有呀。一次我父親一個人站著，我從中庭快步走過，父親問我：『學過《詩》了嗎？』我對答：『沒有。』父親說：『不學《詩》是不知如何講話的。』我退下後就學《詩》了。又一次，又見父親一個人站著，我也是快步走過中庭。父親問我說：『學了《禮》了嗎？』我對答：『沒有。』父親說：『不學《禮》是不知如何立身的。』我就退下學《禮》了。就這兩樣。」

陳亢退下大喜說：「我只問一件事，卻得知三事，知道該學《詩》，該學《禮》，還有君子不會私厚自己的兒子。」

【講析】

此章「詩、禮」可專指《詩》、《禮》二書，也可泛指一般詩禮，本書解釋採前者。當然此章重點在孔子要兒子學《詩》學《禮》，成了後世中國家庭「詩禮傳家」的傳統。但歷來討論，往往放在孔子對兒子的「態度」問題上，即所謂的「君子之遠其子也」。

「遠」是比較出來的，陳亢覺得孔子待兒子無異於待學生，便覺得遠，因為一般父親都會不自覺的偏私自己的子女，以故尹焞說：「孔子之教其子，無異於門人，故陳亢以為遠其子。」真相是，孔子待自己兒子，並無厚薄遠近的問題。「遠其子」其實可以解釋為孔子把所有學生都視為己出，因才施教，一體大公，絕無獨門祕學之私。

16.14

邦君之妻，君稱之曰夫人，夫人自稱曰小童；邦人稱之曰君夫人，稱諸異邦曰寡小君；異邦人稱之亦曰君夫人。

【注釋】

寡：國君多自謙稱孤、寡，後來這兩字成了政治場域的禁忌，非真有國君之高位不敢用了。

【語譯】

國君的妻室，國君稱她作「夫人」，夫人自稱為「小童」；國人稱她「君夫人」，在外國人面前稱她「寡小君」，外國人也稱她為「君夫人」。

【講析】

這段紀錄其實相當於後世《稱謂錄》中的一部分，只集中在國君夫人一人身上，是與《論語》無關的雜記，可能在傳抄間不小心被編在書中。

梁啟超在《古書真偽及其年代》裡說：「原書所本無，後人在別處偶有所聞，隨手記在這書空白的也有。」又說：「《論語》各篇末尾幾乎都有一、二章不相關的話，那自然是讀書在這種情形之下添上去的，不幸無識的編者，一味貪多，所以不但後人記得不對，荒謬不然的都收進去，就是這種毫無關係隨手寫在空白上的也都收進去了。」本章與《微子》篇最後一章「周有八士」，都屬同樣問題。其實吳棫也早說過：「凡語中所載如此類者，不知何謂。或古有之，或夫子嘗言之，不可考也。」

卷九

陽貨第十七

陽貨篇共二十六章。

17.1

陽貨欲見孔子，孔子不見，歸孔子豚。孔子時其亡也，而往拜之，遇諸塗。謂孔子曰：「來！予與爾言。」曰：「懷其寶而迷其邦，可謂仁乎？」曰：「不可。」「好從事而亟失時，可謂知乎？」曰：「不可。」「日月逝矣，歲不我與。」孔子曰：「諾。吾將仕矣。」

【注釋】

1 **陽貨**：魯季氏家臣，一名虎。

2 **歸孔子豚**：送孔子小豬。歸，饋也。豚，《說文》：「豚，小豕也。」此處豚，指如烤乳豬之類的食品。

3 **時其亡**：等他不在家時。時，伺也。亡，同無，即不在家。

4往拜：回拜。
5遇諸塗：遇於路途。塗，通途。
6懷其寶而迷其邦：指有才幹卻不用於國事。寶，指才幹。迷，指人迷惑。
7好從事而亟（ㄑㄧˋ）失時：有意從事又屢失機會。亟，屢次。
8日月逝矣，歲不我與：言歲月將去，不會再給我機會了。
9諾。吾將仕矣：好的，我會去做官的。孔子怕他繼續說，便以此五字回答，有搪塞意。諾，肯定的語詞，此處有敷衍的意味，阻止對方再說下去。

【語譯】

陽貨想見孔子，孔子不見他，便送孔子一蒸烤乳豬肉。孔子特地等他不在家時，前往回拜致謝，不巧相遇在路上。陽貨對孔子說：「來，我跟你說。」接著說：「你懷有智慧，卻讓國人迷失，這可叫作仁嗎？」孔子說：「不可。」「你想做事，又屢屢失掉機會，這可叫作智嗎？」孔子說：「不可。」「你要知道，日子一天天過去，歲月是不等人的。」孔子說：「好的。我這就去做官吧。」

【講析】

禮有規定，別人送禮，必須回拜。陽貨想登門，老被孔子拒絕，便想送你禮物，你不得不來回拜，這下子就可見著面了。孔子對陽貨這樣的人十分厭惡，他曾囚季桓子而專國政，嘴裡又滿口仁義道德，令人瞧不起，但格於禮節，不能不去回拜，就特別找到一天陽貨不在家的時候前往，不料兩人竟相遇於路途。陽貨在路上反覆說了很多「有道理」的話，讓孔子不好回答也不便回答，最後只用「諾。吾將仕矣」來作結。

此章的重點不在內容，而在心理與現場氣氛的描寫，陽貨一心慫恿，孔子一再拒絕，最後不得不以一語搪塞而過，孔子心裡，其實充滿了掙扎，不想如此卻必得如此，明明心存不屑，表面卻要以禮待之，以戲劇言，這戲裡的主角是有很多「內心戲」的，這段短文，把這種難寫的情狀都表現出來了，所以十分特殊。

17.2

子曰：「性相近也，習相遠也。」

【注釋】

1性：生命本質。

2習：習氣，後天經學習、薰染所得。

【語譯】

老師說：「人的本質原來是相近的，而經過後天的學習與薰陶，就相去遙遠了。」

【講析】

朱注：「此所謂性，兼氣質而言者也。氣質之性，固有美惡之不同矣。然以起初而言，則皆不甚相遠也。但習於善則善，習於惡則惡，於是始相遠耳。」這是宋儒的習氣，喜歡以氣質談性，這是格於之後孟子主張性善，荀子主張性惡的關係，其實不能把賬算在孔子身上。《論語》共出現兩次「性」，除此章外，只有《公冶長》篇 5.12 章「子貢曰：『夫子之文章，可得而聞也；夫子之言性與天道，不可得而聞也。』」全沒談到善惡的問題，所以可以斷定在孔子時代，性只指上天給人的本質條件，跟「天賦」（天賦予的、人最基本的）的意思差不多，由於跟「天」有關，為人所難以把握，因故，強調人事的孔子便不甚喜歡談它，這是子貢感嘆「不可得而聞」的道理。

程頤言：「此言氣質性，非言性之本也。若言其本，則性即理，理無不善，孟子之言性善是也，何相近之有哉？」其實也是在宋儒所定下的小圈圈中打轉，一言及性，就想到善惡的問題，在孔子時代，性該是善該是惡這問題，還是不存在的，康有為言：「孔子則不言善惡，但言遠近」。（《論語注》）民間流傳甚廣的童蒙讀物《三字經》「性相近，習相遠」是脫胎於此章，但前面兩句「人之初，性本善」，則不是此章含意。

17.3

子曰：「唯上知與下愚不移。」

【注釋】

1上知：上智。

2不移：不改變。

【語譯】

老師說：「只有上智與下愚的人是不會改變的。」

【講析】

很簡單，意思是世上大多數人會改變，只有上智與下愚的人不太改變，上智的人很早就把握住善道了，無須改變，下愚的人一生固執，無法改變。但歷來注家又太受宋儒影響，多主應與上章合併而言，解釋就不免也受到性之善惡論的作用了。如程頤說：「人性本善，有不可移者何也？語其性則皆善也，語其才則有下愚之不移。」這裡論人會不會改變，與人是否性善無關，硬要兜攏起來說，便易穿鑿，也非此章的本義。

17.4

子之武城，聞弦歌之聲。夫子莞爾而笑，曰：「割雞焉用牛刀？」

子游對曰：「昔者偃也聞諸夫子曰：『君子學道則愛人，小人學道則易使也。』」

子曰：「二三子！偃之言是也。前言戲之耳。」

【注釋】

1 **子之武城**：孔子到武城。武城魯邑，時子游為武城宰。之，至也。

2 **聞弦歌之聲**：聽到鼓琴與唱歌之聲。弦，琴瑟也。以禮樂為教，故邑人皆弦歌也。

3莞爾：小笑貌。
4**割雞焉用牛刀**：雞小牛大，殺雞何必用大刀。言治小邑何須用大道也。是一時開玩笑的話。
5**君子學道則愛人，小人學道則易使也**：此語孔子常言，君子小人以位言，指所有人都得學習。

【語譯】

孔子到了武城，聽到一片弦歌之聲。不禁笑著說：「殺雞嘛，何必用起牛刀來呢？」子游對答說：「以前我聽老師說過：『君子學道會知道愛人，小人學道就容易指揮。』」老師說：「各位同學，言偃說的是對的。剛才我說的，只是開玩笑罷了。」

【講析】

此章很特別，聖人也承認犯錯，而這錯是因為開玩笑而來，原來夫子在學生面前，是會開玩笑的，否則不會用「莞爾」一詞。凡事一本正經的說，不容易收到好效果，偶爾開個玩笑，不傷大雅，又使聽者愉悅，教與學之間，就如沐春風了，所以這個小過錯，也許是孔子故意犯的。

17.5

公山弗擾以費畔，召，子欲往。子路不說，曰：「末之也已，何必公山氏之之也。」子曰：「夫召我者而豈徒哉？如有用我者，吾其為東周乎？」

【注釋】

1公山弗擾以費畔：公山弗擾占據了費城以叛季氏，公山弗擾即公山不狃，季氏家臣。費為季氏家邑。畔，叛也。

2召，子欲往：召孔子，孔子打算前往。

3末之也已，何必公山氏之之也：就算無處可去，也何必到公山弗擾處去呢？末之也已，有無處可往之意。之，至也，往也。

4豈徒哉：豈徒為是哉。徒，空也。

5吾其為東周乎：不是可在東方再興周室嗎？費為魯邑，故在東。

【語譯】

公山弗擾據費城謀叛季氏，召孔子前往，孔子也打算去。子路不高興，說：「就算沒去處可去，幹嘛到公山那兒去呀？」

老師說：「他來召我，只是空召嗎？如真用我，我豈不可在東方復興起周朝嗎？」

【講析】

程頤說：「聖人以天下無不可有為之人，亦無不可改過之人，故欲往。然而終不往者，知其必不能改故也。」這話說得很勉強。

此章有爭議，主要是真假的問題。崔述以為此章所記不合歷史，梁啟超也說：「《左傳》定公十二年公山弗擾以費叛時，孔子正做司寇，和現在的司法總長一樣，很用力打平那反叛的縣長，以情理論，哪有現任閣員跟縣長造反，藉口想實行政策（的）。」意即孔子不可能跟下屬一同作亂，錢穆的意見也同，認為可能是雜記濫入。錢說：「《論語》乃經後儒討論編集成書，其取捨間未必不無一二濫收，不當以其載在《論語》而必信以為實。」但錢穆又以為，此事如據一說謂發生在定公八年，或也有可信之處，不須深疑，錢曰：「時孔子尚未仕，不忸為人與陽貨有不同，即見於《左傳》者可證，其召孔子，當有一番說辭，或孔子認為事有可為，故有欲往之意。」錢穆此說可作參考，但不是定論。

17.6

子張問仁於孔子。孔子曰：「能行五者於天下，為仁矣。」請問之。曰「恭、寬、信、敏、惠。恭則不侮，寬則得眾，信則人任焉，敏則有功，惠則足以使人。」

【注釋】

1不侮：不被辱。

2人任：受人倚仗信託。

3敏則有功：勤敏則有績效。敏，做事敏捷。

【語譯】

子張問孔老師該如何行仁的事。孔老師說：「能在天下推行五種德行，就可以說行仁了。」子張請問是哪五件，老師說：「恭敬、寬厚、信實、勤敏、慈惠。能恭敬，則不受人侮辱；能寬厚，則得眾；能信實，就受人倚仗；能勤敏就受人信任；能信實，別人就信任；能勤敏，則做事有成；能慈惠，則人能受我指使。」

【講析】

此章多可疑處。首先是寫法的問題。首先《論語》後五篇孔子答弟子問，往往將「子曰」寫成「孔子曰」，有人懷疑是用了《齊論》的方式，但此事並不可考。就此章子張問仁，孔子言「能行五者於天下，為仁矣」，萬一子張不再問，孔子就不會說出恭、寬、信、敏、惠這五件事，後面更不能再作說明了，如果沒有後面的說明，此章有何意義呢？再以內容而言，孔子以恭、寬、信、敏、惠答子張問仁，好像有點答非所問，孔子所答比較接近是處理政治的問題，與子張所問的仁，關係稍遠。

再如「恭則不侮」也有問題，因為「恭」與「侮」很容易混淆，故有子有「恭近於禮，遠恥辱也」1.13之語，提示恭敬必須與禮結合，始能遠離恥辱，此處則直言恭則不侮，與《論語》前說似稍有衝突。

17.7 佛肸召，子欲往。子路曰：「昔者由也聞諸夫子曰：『親於其身為不善者，君子不入也。』佛肸以中牟畔，子之往也，如之何！」

子曰：「然。有是言也。不曰堅乎，磨而不磷；不曰白乎，涅而不緇。吾豈匏瓜也哉？焉能繫而不食？」

【注釋】

1 **佛（ㄅㄧˋ）肸（ㄒㄧˋ）召，子欲往**：佛肸來召孔子，孔子有意前往。佛肸，晉大夫趙氏之中牟宰。
2 **親於其身為不善者**：就是「其身不為善」，親於兩字疑衍。
3 **以中牟畔**：據中牟以叛趙氏。
4 **堅乎，磨而不磷（ㄌㄧˋㄣ）**：真正堅硬的東西，怎麼磨都磨不薄的。磷，薄也。
5 **白乎，涅（ㄋㄧˋㄝ）而不緇**：真正白的東西，就是放到涅石染劑中也不會給染黑的。涅，礬石也，黑色的染劑。緇，黑色。
6 **吾豈匏瓜也哉？焉能繫而不食**：我豈是匏瓜，能繫掛一處而不吃不喝嗎？可能是當時的俗語。還有一說，言我如是匏瓜，就該供人食，既是人才，就該供人使用，豈能惜才而不用世焉？

【語譯】

佛肸召孔子，孔子想前往。子路說：「我曾聽老師說：『一個人如做了壞事，君子是不到他那兒去的。』現在佛肸盤據中牟要叛亂，老師卻要去他那兒，這該怎麼說呢！」

老師說：「是的，我說過。我們不是又說，真正硬的東西，怎麼去磨也磨它不薄的；真正白的東西，就是放在染劑裡也不會給染黑的。我豈是繫在瓜棚的一隻匏瓜呀，能夠老掛著不給人吃嗎？」

【講析】

此章問題更多，看孔子答子路問，最後一句話，真有點耍無賴的感覺，應可判斷，非出於聖人之口。

考以歷史，跟前章公山弗擾相召事一樣，也不符合史實，崔述曰：「當魯定公十四五年孔子在衛之時，中牟方為範中行氏之地，佛肸又安得據之以叛趙氏。」以情理言，則更不符，崔述又言：「佛肸以中牟畔，是亂臣賊子也，孔子方將作《春秋》以治之，肯往而助之乎？肸與公山不狃，皆家臣也，孔子，魯大夫也，孔子往，將臣二人乎？亦臣於二人乎？臣二人則其勢不能，臣於二人則其義不可，孔子將何居焉？夫堅者誠不患於磨，然未有恃其堅而故磨之者也；白者誠不患於涅，然未有恃其白而故涅之者也。聖人誠非小人之所能汙，然未有恃其不能汙而故入於小人之中者也。」（《洙泗考信錄》）

而且據傳佛肸所據的中牟，在晉之趙地，趙在晉北（今山西、河北之交），與孔子的魯國或孔子當時所在的衛國都相去甚遠，要孔子到遙遠之地去投奔這小號人物，也確實十分匪夷所思。

由此可確定此二章是後世之誤傳，有辱聖門，也應非門下弟子所記。崔述最後做了一段最沉痛的結論，他說：「此蓋戰國橫議之士欲誣聖人以便其私，但聞不狃嘗叛魯，則附會之以為孔子欲往，而不知其年之不符也；但聞佛肸嘗叛晉，則又附會之以為孔子欲往，而不知其世之尤不符也。彼橫議者固不足怪，獨怪後世之儒肩相望，踵相接，而但高談性命，細摘章句，竟無一人降心考究，肯為我先師孔子辨其誣者，良可嘆也！」動機是否真如崔述所言，不能確定，可確定的是，此章必定有誤。

17.8

子曰：「由也，女聞六言六蔽矣乎？」對曰：「未也。」

「居！吾語女。好仁不好學，其蔽也愚；好知不好學，其蔽也蕩；好信不好學，其蔽也賊；好直不好學，其蔽也絞；好勇不好學，其蔽也亂；好剛不好學，其蔽也狂。」

【注釋】

1 六言六蔽：六言指仁、知、信、直、勇、剛，皆美德，但如不學則有愚、蕩、賊、絞、亂、狂之六病。蔽，病也。

2 居！吾語女：坐下來！我告訴你。古時學生與老師說話必起立以示敬。居，坐也。

3 蕩：窮高極廣而無所止。

4 賊：謂傷害於物。

5 絞：急切。

6 亂：犯上違紀。

7 狂：躁率也。

【語譯】

老師問：「仲由啊，你聽過『六言六蔽』嗎？」子路對答說：「沒有。」

老師說：「你坐下，我告訴你吧。好仁不好學，其蔽就是愚蠢；好知不好學，其蔽就是放蕩；

好信不好學，其蔽就是易受傷害；好直不好學，其蔽就是急切；好勇不好學，其蔽就是容易作亂；好剛不好學，其蔽就是輕率。」

【講析】

孔子跟子路分析「六言六蔽」，重點放在「學」，假如不學，六種美德會變成害人的利器，學者不可不慎。

但此章也有個問題，就是如果問子路聽過「六言六蔽」嗎，子路說聽過了，就不可能有下文了，孔子就沒說下去的必要，這樣讀者豈不被蒙蔽了？《論語》前十五篇都不用這方式記言的，總是很直接，不拐彎，但最後五篇（《陽貨》篇後），這樣拐彎的狀況就經常出現，跟前面17.6孔子答子張問仁曰：「能行五者於天下，為仁矣」一樣，子張如不再問，就不知孔子所謂「五者」究竟是何者了。

這樣描寫，在《禮記》中很常見，跟《孝經》作比較，也十分近似。《孝經・開宗明義章》一開始是這樣寫的：「仲尼居，曾子侍。子曰：『先王有至德要道，以順天下，民用和睦，上下無怨。汝知之乎？』曾子避席曰：『參不敏，何足以知之？』子曰：『夫孝，德之本也，教之所由生也。複坐，吾語汝……」《孝經》成書很晚，據考證寫成應在戰國末年或到漢初了，《論語》這幾章的寫法很相似，可能寫成較晚，應已不是孔子及門弟子所記的了。

17.9

子曰：「小子！何莫學夫《詩》？《詩》，可以興，可以觀，可以群，可以怨。邇之事父，遠之事君。多識於鳥獸草木之名。」

【注釋】

1小子：稱弟子也。
2可以興：可以之興懷。朱注：「興，感發志意。」
3觀：擴充視野。朱注：「考見得失。」
4群：樂於合群。
5怨：發抒幽怨之情。
6邇：近。

【語譯】

老師說：「學生們啊！怎能不學《詩》呢？學了《詩》，可以感發意志，可以擴充視野，可以用來合群，也可以發抒內心的幽怨。近的話，可以用來事奉父母；遠的話，可以用來服務君上。還可以多識些鳥獸草木的名字。」

【講析】

此章是以《詩》的「功能性」既多又廣，來勸學生研習《詩》。

「興、觀、群、怨」被後世認為文學上的重要理論。朱子說：「學《詩》之法，此章盡之。」其實孔子是以多元的方式，要人從多方面認識《詩》這本書，「興」是興感聯想，「觀」是擴大視野，「群」是認識他人，「怨」抒發憂愁。「興、觀、群」三事比較好了解，最引人注意的是，孔子提出了「怨」這個觀念，把人發抒心中的幽怨（說是怨恨也沒什不對）視作合理且正當，是個極有建設性也極為重要的看法。朱子釋此處的怨為「怨而不怒」，其實太保守了，怨當然也包括了怒，怨與怒都是人類感情的一部分，都須合理的尊重，但《詩》的怨怒，是用文學的方式表現，假如連文學上的怨怒都不能展現，那設在人身上的禁制就太多且太大了，「怨」其實是生命中的某些事實，所以也須尊重且正視。

當然孔子的怨是搭配了「興、觀、群」而說的，也無須特別強調「怨」，不能說《詩》的功能只在怨怒，但怨是人所有的情緒，自當與其他情緒一樣得到重視。後世講這問題的人往往混搭著「溫、柔、敦、厚」的「詩教」來講，對孔子提出的「怨」的觀念往往忽略或曲解，認為人即使有怨，也該「發乎情止乎禮」的克制住，不讓它發出，與此章孔子之言，顯然很不相同。何者為孔子之真，讀者自須分辨。

17.10

子謂伯魚曰：「女為《周南》《召南》矣乎？人而不為《周南》《召南》，其猶正牆面而立也與？」

【注釋】

1為：學也。

2《周南》《召南》：《詩・國風》首二篇名。

3正牆面而立：面對牆壁而站立，喻前進無路，無法通行。

【語譯】

老師對伯魚說：「你學了《周南》《召南》嗎？一個人如不學《周南》《召南》，豈不就像面對著一堵牆而立，哪裡都走不出去嗎？」

【講析】

前章在說明《詩經》的重要，此章在說明《周南》《召南》的重要。有二解，其一是此「二南」用於鄉樂，採眾人合唱方式表演，不能歌「二南」，就等於自陷幽獨。其二是「二南」多言男女、夫婦之道，人如不知此事，將無法在人群中立足。朱子曰：「《周南》《召南》，《詩》首篇名。所言皆修身齊家之事。正牆面而立，言即其至近之地，而一物無所見，一步不可行。」孔子要孔鯉學習二詩，是鼓勵他合群，重視齊家之事，有更積極的含意在的。

但《周南》《召南》與《詩經》都是文學，與道德有涉卻絕不等於是道德，後儒解釋，有些往往說偏了，此章最直接的解釋是，孔子要伯魚先把「二南」學好，其實也是要伯魚重視文學的意思。

17.11

子曰：「禮云禮云，玉帛云乎哉？樂云樂云，鐘鼓云乎哉？」

【注釋】

1玉帛云乎哉：只玉、帛就夠了嗎？是疑問句。玉、帛為行禮時使用，但禮之本應不在玉、帛。

2鐘鼓：兩種樂器。

【語譯】

老師說：「禮呀禮呀，難道只有玉帛嗎？樂呀樂呀，難道只有鐘鼓嗎？」

【講析】

玉帛鐘鼓都是行禮的工具，不是禮，朱子說：「敬而將之以玉帛，則為禮；和而發之以鐘鼓，則為樂。遺其本而專事其末，則豈禮樂之謂哉？」說的很好。衰世之禮，只有玉帛而沒有敬；衰世之樂，只有鐘鼓而沒有和，而亂世則連玉帛與鐘鼓也一併全沒了，那就更需浩嘆了。

17.12

子曰：「色厲而內荏，譬諸小人，其猶穿窬之盜也與？」

【注釋】

1 **色厲**：表面凶狠。色，表面。厲，威嚴。

2 **內荏**：內心怯懦。荏，柔弱。

3 **穿窬（ㄩˊ）之盜**：越牆而過的宵小。窬，踰牆。盜，小偷。

【語譯】

老師說：「一個外表凶狠其實內心怯懦的人，以小人為況，也只能算越牆的小偷吧？」

【講析】

外表凶狠的人往往內心怯懦，外面做出嚇人的舉動，其實是在武裝。孔子將之與穿窬之徒相比，譏諷中間寓有一些同情與憐憫。

17.13 子曰：「鄉原，德之賊也。」

【注釋】

1 **鄉原（ㄩㄢˋ）**：同鄉愿。一鄉人皆稱好的人，往往媚世取容，朱子曰：「蓋其同流合汙以媚於世，故在鄉人之中，獨以愿稱。」

【語譯】

老師說：「一鄉裡頭人人稱好的那種人，其實是道德上的敗類呀。」

【講析】

為求安身，什麼也不得罪，處處都討好，這種人，當時被稱為鄉原，即是後世只計利害不計是非的所謂好好先生。孔子認為這種人是敗類，因為他們絕不主持正義，道德心在他們身上早已消亡了。

17.14

子曰：「道聽而塗說，德之棄也。」

【注釋】

1 道聽而塗說：在道路所聞即在道路說出。塗即途。

【語譯】

老師說：「在道路上聽聞一事，便隨即說出去，就是個被道德所棄的人呀。」

【講析】

此章是針對特殊對象所發的言論，不是對一般而說的。

道聽塗說，往往只是貪求博聞之名，其實沒有太大道德上的問題，所以說是被德所棄，十分可惜。但於日期有進的君子而言，則須深戒。王夫之說：「耳聽之而心受之，則天下之善皆集於吾心；心審之而後口說之，則善雖公於天下而初不忘於心。如其聽之於道即說之於塗，俄頃之不容待，耳入而口旋出，心總無與焉，則雖有善言，過而不留，往來天下而已無與，自棄其德，而德亦棄之矣。」康有為說：「若東塗西抹，但以嘩眾，則雖有所聞，亦非己有。在才為棄才，在德為棄德矣。」（《論語注》）均可參考。

17.15

子曰：「鄙夫可與事君也與哉？其未得之也，患得之；既得之，患失之。苟患失之，無所不至矣。」

【注釋】

1 **鄙夫**：鄙，本指偏僻之處，無貶意。鄙夫見聞寡，所識淺，往往為世所蒙蔽，逐漸有負面含意。鄙夫，朱注：「庸惡陋劣之稱。」

2 **患得之**：患，擔憂，擔心；得之，得到事君的機會。何晏《集解》曰：「患得之，謂患不能得之。」今採其說。

【語譯】

老師說：「一個鄙夫，可以跟他一起做官來事奉國君嗎？沒得到時，擔心得不到，既得之後，又擔心失去。一個人如果成天擔心失去官位，那什麼事都做得出來了。」

【講析】

「事君」只是舉例，像這種既患得又患失的人，任何地方都不可與他共事的，患得患失總是因為自私，人一自私，任何事就都做得出來。胡安國曰：「許昌靳裁之有言曰：『士之品大概有三：志於道德者，功名不足以累其心；志於功名者，富貴不足以累其心；志於富貴而已者，則亦無所不至矣。』志於富貴，即孔子所謂鄙夫也。」

17.16

子曰：「古者民有三疾，今也或是之亡也。古之狂也肆，今之狂也蕩；古之矜也廉，今之矜也忿戾；古之愚也直，今之愚也詐而已矣。」

【注釋】

1 **古者民有三疾**：古代民眾有三種毛病、短處。疾，病也。

2 **今也或是之亡也**：今天連這這些毛病都沒了。是，指疾。亡，無也。

3 **古之狂也肆**：古人就算狂的話，也只是不拘小節。

4今之狂也蕩：今天的人狂的話，就放蕩而無所不為了。朱注：「肆，謂不拘小節，蕩則踰大閑矣。」

5古之矜也廉：古人就算矜持的話，也只是有稜角、不苟同罷了。矜即矜持。廉，原指屋角，此指稜角峭厲。

6忿戾：多怒又好鬥。

7古之愚也直：愚，暗昧不明。直，徑行直遂。

8詐：欺詐，朱注：挾私妄作。

【語譯】

老師說：「古人常見三種毛病，現在人好像都不太見到了。古人狂放，往往是不拘小節，現在人狂的話，就放蕩而無所不為了。古人矜持是有稜有角，不與人同，現在人矜持的話，就自以為是，好與人鬥了。古人愚笨，往往自以為是，直道而行，現在人愚笨，反而挾私妄作，毫不忌憚了。」

【講析】

本章言「民疾」，是指民眾道德層面的事，也是有關民風的良窳的問題，將古代與孔子當時所見作比較，結果是「世風日下」。

這種世風日下，與人類智慧的開展及工具的進步有關。越到後來，人就有越多的犯罪知識，也有更多工具幫他遂行其罪行，孟子就舉例，說「殺人以梃與刃有以異乎」，當人知道以刃殺人可以更多更快時，自然用刃而不用梃了，當然罪行就變大了。

人是不能阻止這些所謂的「進步」的，只有在與人類智慧的開展及工具進步的同時，不斷尋求內心的提升，重新建立新的道德價值。

17.17 子曰：「巧言令色，鮮矣仁。」

【講析】

此章重出，見《學而》篇1.3。

17.18 子曰：「惡紫之奪朱也，惡鄭聲之亂雅樂也，惡利口之覆邦家者。」

【注釋】

1**惡**：厭惡。

2**紫之奪朱**：紫色搶奪了紅色的地位。古以朱為正色，朱即紅色，既為「正」，有正確、正統的含意。紫是間色（多色相混），非正色。

3**鄭聲**：《詩・鄭風》多描寫男女之間的事，常被視為不正的淫聲。

4**雅樂**：正常優美的音樂。

5利口：口齒銳利的人。朱注：「捷給。」范祖禹言：「利口之人，以是為非，以非為是，以賢為不肖，以不肖為賢。人君苟悅而信之，則國家之覆也不難矣。」

【語譯】

老師說：「我討厭紫色搶奪了正紅的地位，厭惡鄭聲擾亂了雅樂，厭惡利口舌的人顛覆了國家。」

【講析】

《衛靈公》篇15.10有：「放鄭聲，遠佞人。鄭聲淫，佞人殆。」所以此章的後半段講鄭聲之亂雅，利口之覆邦家很易懂，但「惡紫之奪朱」就複雜了一些，這句話當然有政治上或道德上的影射，卻也顯示了孔子的一些美學況味。

從直覺上講，孔子不喜歡紫色而喜歡紅色的原因是，紅色是「三原色」之一，而紫色是兩色以上的調和色（又叫中間色），紫色牽動人的視覺神經比較複雜，喜歡紫色的人要多經歷一些心理歷程，相對於欣賞紅色，紅色就直接又簡單許多，如從此推論，便說明孔子比較喜歡簡單又直接的東西。孔子的歷史觀是尚古的，如拿古與今來對比，他贊成與欣賞的以古的居多，前面在分析「辭達而已矣」時，說明了他在文學與藝術的看法是傾向尚「質」的，在文與質作比較時，雖說過「文質彬彬」，卻總不經意的流出而有一點輕「文」的意思，與他厭紫之奪朱的言論放在一起，就看出一些類似的傾向。

王應麟《困學紀聞》曰：「《管子》云：齊桓公好服紫衣，齊人尚之，五素易一紫，鄭康成以紫綬為宋王者之後服，賈逵、杜預以紫衣為君服，皆周衰之制也。」間色代表繁縟，正色代表單純，從歷史與道德層面，棄質樸尚繁華，總是用來形容衰敗現象的。

文化構成是很複雜的，用這種方式分析不見得完全正確，然而這種觀點也有部分道理在的，不能完全忽略，引用這種理論必須佐證其他有關資料，且必須十分小心。

17.19 子曰：「予欲無言。」子貢曰：「子如不言，則小子何述焉？」子曰：「天何言哉？四時行焉，百物生焉，天何言哉？」

【注釋】

1無言：不說話。是不應說或不再說？兩者是有別的。不應說，是否定了已經說過的；不再說，是說到此話已盡，以後不再說了。今取後者。

2述：敘述，陳述。

【語譯】

老師說：「我不想再說什麼了。」子貢說：「老師您如不說了，要我們怎樣傳述老師的思想呢？」老師說：「老天說了什麼？四時不是也照常運行，百物不是也照常滋長嗎，老天說了什麼？」

【講析】

子貢曰：「夫子之文章，可得而聞也；夫子之言性與天道，不可得而聞也。」（《公治長》篇5.12）孔子罕言天與天道，此處卻連續說了兩次天，說「天何言哉」，到底是什麼意思？

人的世界之外，還有個更大的秩序，這個大秩序之所向，是所有人都無法抗逆的，譬如人的生死，還有一部分的福禍，都是這大秩序的一部分，人只能在自己能掌握的那一部分盡心努力，其他只有委之於天，這種看法有一點與現在說的「大氣候決定小氣候」近似，小氣候也許可以有些作用，但須知道絕對「敵」不過大氣候的。孔子的五十而「知天命」，就是知道除了盡人事之外，還有一個天的因素存在，人當然要奮鬥，但「知天命」的人也該知道，人所做的與天相較，到底有限。

絕不妄自菲薄，也絕不狂妄自大。此章也有這層含意，表現出一種低暗的情緒，孔子也有情緒低落的時候，人有時會覺得說什麼也沒用，便有乾脆什麼也無須說的嘆息，幸好天不言，而四時行、百物生，好像也沒耽誤了什麼。了解了這些，便能如陶詩說的「縱浪大化中，不喜亦不懼」，孔子此時的心情，也有點近乎此。

17.20

孺悲欲見孔子，孔子辭以疾。將命者出戶，取瑟而歌。使之聞之。

【注釋】

1 孺悲欲見孔子：孺悲想來見孔子。孺悲曾從孔子學喪禮。

2辭以疾：孔子不欲見，以病推辭。

3將命者出戶：傳達的人剛出門。將命者：傳達命令的人。

【語譯】

孺悲想來見孔子，孔子以病推辭。就在傳話人出門傳達時，孔子取出瑟來彈奏，又隨之唱歌，故意讓外面的人聽到。

【講析】

此章與本篇首章一樣，都是描寫孔子想避開一個不想見的人，陽貨沒能躲過，只得心不甘情不願的見了，而孺悲卻躲過了。

程顥說：「此孟子所謂不屑之教誨，所以深教之也。」朱子也說：「當是時必有以得罪者，故辭以疾，而又使知其非疾，以警教之也。」都說孺悲有錯，但錯在何處，卻未說明，孔子委屈施教，目的在讓孺悲自知其錯。但《述而》篇7.36不是有：「君子坦蕩蕩，小人長戚戚」之語嗎？孺悲有錯，孔子如標榜坦蕩，為何不召見孺悲而直指其非呢，如此豈不是更好的手段？尤其「取瑟而歌，使之聞之」，故意在裡面鼓瑟，讓對方聽到，不給來訪者任何面子，其實有傷正直，更嫌小氣，應非孔子之行。此段紀錄，也可能有其他隱情在其中，記者未能盡之。

17.21

宰我問：「三年之喪，期已久矣。君子三年不為禮，禮必壞；三年不為樂，樂必崩。舊穀既沒，新穀既升，鑽燧改火，期可已矣。」

子曰：「食夫稻，衣夫錦，於女安乎？」曰：「安。」「女安則為之！夫君子之居喪，食旨不甘，聞樂不樂，居處不安，故不為也。今女安，則為之！」

宰我出。子曰：「予之不仁也！子生三年，然後免於父母之懷。夫三年之喪，天下之通喪也。予也有三年之愛於其父母乎？」

【注釋】

1 **三年之喪**：父母死，守喪三年。

2 **期**（ㄐㄧ）**已久矣**：滿一年已夠久了。期，周歲。

3 **禮必壞，樂必崩**：禮樂皆廢，勢必皆崩壞。

4 **舊穀既沒，新穀既升**：舊穀已吃盡，新穀已收成。喻正好一年。

5 **鑽燧改火**：古人鑽木以取火，所用之木隨四季而更動，據皇侃《論語義疏》說，春用榆柳，夏用棗杏，季夏用桑柘，秋用柞楢，冬用槐檀，一年一周轉。

6 **食夫稻，衣夫錦**：吃稻米，穿錦繡，喻生活安逸。

7 **懷**：懷抱。

8 **通喪**：通行的喪禮。是孔子認為合理的喪禮，而非確然已有的。

【語譯】

宰我問：「說起三年之喪這事，我以為滿一年就夠久了。君子三年不行禮，禮必壞了，三年不奏樂，樂也毀了。舊的糧食吃盡，新的收成已有，鑽燧取火也改了週期，所以一年為期，應已夠了。」老師說：「你吃好的、穿好的，安心嗎？」宰我說：「安心。」老師說：「安心的話，你就去做吧。君子居喪，好的吃不了，音樂聽不下，在屋子裡住著也不覺安寧，所以才不這麼做。現在你覺得安心，就照你的意思做吧。」

宰我走了，老師說：「宰予這個人真不仁呀！小孩生下來要過三年，才能脫離父母的懷抱。為父母守喪三年，應該是天下人共通的喪期呀。難道宰予沒得過父母的三年之愛嗎？」

【講析】

依據此章所記，「三年之喪」在孔子與宰我討論的時候，應還不是「定制」，所以學生有不同意見。

孔子主張父母死子女應守喪三年，理由是「子生三年，然後免於父母之懷」，純粹從感情層面出發，而宰我主張滿一年就好了，所持理由是「君子三年不為禮，禮必壞；三年不為樂，樂必崩」，而且衡諸大自然的規則，認為「舊穀既沒，新穀既升，鑽燧改火，期可已矣」，所說的理由比孔子的還多，平心而言，也較實際。但現實的「話語權」與歷史的「話語權」都掌握在孔子手上，孔子在宰我出去後還能展開批評，說「予也有三年之愛於其父母乎？」讓宰我根本無機會答辯，更重要的是因為孔子在宰我面前說了這一席話，三年之喪果然成了「天下之通喪」，影響歷史達兩千年之久。

當然孔子主張三年之喪，主要著重的是父慈子孝的家庭倫理，以為家庭倫理是一切道德理論的基礎，「長喪」的目的一方面是感情無法割捨，二方面是有益於儒家以孝道為始的教化。但還要考慮一點是社會的經濟力是否足以支撐？傳統三年之喪只適用於知識分子與官吏階層，農民無須輟耕以守制，工人也無須放棄工作，對社會經濟的影響是很輕微的，但到後世，知識階層逐漸擴大，當更多人成為知識分子之後，社會其實已無力支持此一久喪的活動，因為嚴格的三年之喪足以使社會運作為之癱瘓。

《史記．孔子世家》有記：「孔子葬魯城北泗上，弟子皆服三年。三年心喪畢，相訣而去。」孔子弟子也為孔子服喪三年，但不論受教講學，行動作息都如常態，司馬遷稱之為「心喪」。可見守喪即使有年限，也不必過於拘泥於形式，限制其必要之活動。

17.22

子曰：「飽食終日，無所用心，難矣哉！不有博弈者乎，為之猶賢乎已。」

【注釋】

1 博弈：結局有勝負的遊戲。博，古作簙，《說文》：「局戲也」，有點像後來的擲骰子遊戲。弈，即下棋。

【語譯】

老師說：「一個人吃飽飯沒事幹，也不用心，要他有所成，那就難了！不是有玩擲骰子跟下圍棋的人嗎，玩起來都很專心的，比起不用心的人，還高出一些呢。」

【講析】

此章言用心的重要。

17.23

子路曰：「君子尚勇乎？」子曰：「君子義以為上。君子有勇而無義為亂，小人有勇而無義為盜。」

【注釋】

1 尚勇：崇尚勇氣。尚，上也。尚勇即以勇為上。

2 義以為上：即以義為上，上，同尚。此語在糾正子路之言。

【語譯】

子路問：「君子看重勇氣嗎？」老師說：「君子看重的是義氣。君子有勇而無義，就會作亂，小人有勇無義，就會做盜賊。」

【講析】

此處的君子小人是以位而言。「以義為上」不是不重視勇，而是應把義字放在勇字前面。義者，宜也，一切適當且應該做的事就毫不猶豫的去做，就是義，義中其實包括了勇的成分。

17.24

子貢曰：「君子亦有惡乎？」子曰：「有惡：惡稱人之惡者，惡居下流而訕上者，惡勇而無禮者，惡果敢而窒者。」曰：「賜也亦有惡乎？」「惡徼以為知者，惡不孫以為勇者，惡訐以為直者。」

【注釋】

1 **惡**：厭惡。

2 **惡（ㄨˋ）稱人之惡（ㄜˋ）者**：厭惡老說人壞處的人。

3 **居下流而訕上**：在低下位置卻訕謗上位的人。也可解作自己不上進，卻譏笑求上進的人。

4 **果敢而窒**：果敢而不通事理。

5 **徼（ㄐㄧㄠ）以為知**：抄襲別人的以為自己的智慧。徼，抄襲。朱注：「伺察也。」伺察人智以為己智。

6 **不孫以為勇**：以不謙遜為勇。孫，遜也。

7 **訐（ㄐㄧㄝˊ）以為直**：以揭發攻擊別人為正直。訐，惡意揭發。

【語譯】

子貢問：「君子也有厭惡的事嗎？」老師說：「有的。厭惡老說人壞處的人，厭惡自己不求上進，卻訕笑上進的人，厭惡光有勇氣卻無禮的人，厭惡只有果敢而凡事不通的人。」

老師又問：「賜呀，你也有什麼厭惡的嗎？」子貢說：「我討厭抄襲別人以為智慧的人，討厭不謙遜而自以為勇的人，討厭把揭人陰私當成正直的人。」

【講析】

此章與其他章節有明顯的不同，基本上，《論語》喜歡正面立論，再加上孔子也是個比較樂觀的人，他所看到的好人好事，總是比壞人壞事要多，所以舉例也多喜舉正面的事例，而此章寫出孔子心裡討厭的事，先是子貢問，後來孔子說了又問，逼得子貢也說，可以說是一個舉討厭事的比賽。對討厭的人或事，不刻意迴避，這也是一種正義感，是一切明辨是非曲直所必須採取的手段，由此可見儒門執善勇進的真精神，對就對，錯就錯，難怪孔子看不慣有和事佬之稱的好好先生，說他們「鄉原，德之賊也。」

17.25

子曰：「唯女子與小人為難養也，近之則不孫，遠之則怨。」

【注釋】

1女子與小人：古時沒有男女平權的觀念，都認為女子與小人知識低下，無法溝通，故曰難養。王夫之認為此處女子小人乃指「妾媵之女子與左右之小人」，泛指僕妾與僕人而言。

2難養：難以相處。

3不孫：不合正道。孫同遜。

【語譯】

老師說：「只有女子與低下的小人最難纏，過於接近固不合正道，離他們遠一點又會遭怨。」

【講析】

這是古人「嚴女子小人之防」的根據。當然是不合理的，不管把女子、小人做任何解釋，都不合現在人人權的觀念，也不合於稍早人道主義者所提的人道的觀點。不論從人權或人道的觀點來看，都要把人當作跟我一樣的人，不能把任何一種人當次等人來看。

但也不能否認，男女平權的觀念得以形成是晚近的事，舉例而言，美國的婦女到上世紀的一九二〇年才正式有投票權，以前人視女子不如男子是很普遍的，更不用說古人了，在基督教的《聖經》與佛教的很多經典裡，都有類似且更強烈的看法，而《論語》僅此一處。這麼說來，衡諸歷史，我們的時代確實在進步之中，而我們也需知道，就算是聖人，當時也有不少無法超越的障礙，尤其在平等觀念方面。

17.26

子曰：「年四十而見惡焉，其終也已。」

【注釋】

1見惡：被人厭惡。

【語譯】

老師說：「一個人年到四十還讓人嫌惡，大概一輩子都無望了吧。」

【講析】

孔子說過四十而不惑，但此處說「年四十而見惡」，朱子言：「四十，成德之時。見惡於人，則止於此而已，勉人及時遷善改過也。」四十是成德之時，不知何據？人隨時應遷善改過，何必待或不待四十？再好的說法，恐怕也解釋得不周全。大約古人的平均壽命不如今人，四十通常已過人生之大半，故有此論。也可能專有所指，或是針對一特定人物所發，蘇軾就說：「此亦有為而言，不知其為誰也。」

微子第十八

微子篇：共十一章。朱子指此篇「多記聖賢之出處」，錢穆亦承此意，以為：「此篇多記仁賢之出處，列於《論語》之將終，蓋見孔子之道不行，而明其出處之意也。」大致而言是不錯的，但仔細觀察，此說仍嫌不夠周愜，原因是在此篇十一章中，除最後一章「周有八士」只有人名而無事蹟之外，其他十章，均只談「去」，而很少談到「就」，多強調「出」，而輕言「處」，如強說是借著描寫「去」而談「就」，也許可成立，但此篇於「就」、「處」的立言甚少，確是不可否認之事實。在政治上或社會上強調「去」或「出」，在當時多是道家思想人的思維方式，而非儒門之正統，此章孔子曾感嘆說：「吾非斯人之徒與而誰與？」可見孔子仍是堅持其「入世」觀的，但一篇之中，大量湧出「去」與「出」的描寫或喟嘆，置之孔門最重要經典之中，也是奇事，所以崔述言：「《微子》一篇，本非孔子遺書，其中篇殘簡斷，語多不倫，吾未敢決其必然。」讀者不得不注意。

18.1

微子去之，箕子為之奴，比干諫而死。孔子曰：「殷有三仁焉。」

【注釋】

1 微子去之：微子避去其國。微子，紂之庶兄。微，殷時方國名，子，爵也。

2 箕子為之奴：箕子被囚為奴。箕子，紂叔父。箕，方國名。

3 比干諫而死：比干因諫而死。比干亦紂叔父。

4 三仁：三個仁人。

【語譯】

微子離開了殷，箕子被囚為奴，比干因諫而死。孔子說：「殷代曾經有過三個仁人呢。」

【講析】

此章開頭是「微子去之」，點出一個很強烈的字，就是「去」，不論微子的「去」是被動或主動，這「去」字都是離開、背離的意思。微子是商紂的庶兄（同父異母兄弟），紂王主政，理該出力輔政，以盡國事，但商紂暴虐，或者根本不聽微子的勸，微子不得不出走，其他箕子、比干的一囚一死，也莫不因此。微子之「去」如是主動，當非回避責任，而是不能兼善天下，只有獨善其身的以「去」來維護道德的正當性，如被動，更是不得已。

所以此章應是描述黑暗時代，偉大人格的故事。所敘三人，一個流放，一個被囚，一個死了，都不屈服，以所遇而言，都倒楣到底，但因為倒楣到底，高潔的人格才能夠充分展現，因此，「去」字如放在適當的場合，也有極剛健的含意。

18.2

柳下惠為士師，三黜。人曰：「子未可以去乎？」曰：「直道而事人，焉往而不三黜？枉道而事人，何必去父母之邦。」

【注釋】

1 士師：典獄之官。

2 三黜：三次被免職。

3 父母之邦：父母所在的國家，或如父母一樣的國家，意指自己的國家。

【語譯】

柳下惠當典獄官，三次被免職。有人說：「你怎麼不走呀？」柳下惠說：「以直道來對人，到哪裡不會被三黜呢？假如以枉道來事人，那我又何必費事的離去父母之邦呢？」

【講析】

此章是柳下惠跟人談「去」的道理，而柳的「去」與他的「就」密不可分的，可見去就的道理並非一成不變的。如果天下烏鴉一般黑，外國與父母之國其實都一樣，我在此國三黜，在他國同樣會三黜的，真要「前往」的國到底在哪裡呢？有趣的是最後標出「父母之邦」來，王夫之言：「惠之可直不可枉，不易之介也。而必重言『父母之邦』，則君子之仕，非但欲伸其道，而以義之不可逃者為性之所安。故三黜不去，有合於聖人之道焉。」

18.3

齊景公待孔子，曰：「若季氏則吾不能，以季、孟之間待之。」曰：「吾老矣，不能用也。」孔子行。

【注釋】

1齊景公待孔子：魯昭公二十五年孔子適齊，齊景公一度想用孔子，論及待遇。此處待即指待遇言。

2以季、孟之間待之：魯季氏為上卿，孟氏為下卿，言將以季、孟之間的中卿待遇予孔子。

3孔子行：行，去也。

【語譯】

齊景公論及要給孔子的待遇，說：「要像魯君待季氏的規格，我不能，只能給魯國季氏與孟氏之間的待遇了。」又說：「我老了，不能用你了。」孔子就離開齊國了。

【講析】

孔子於魯昭公二十五年適齊，當時孔子三十五歲，正是有為的青年，但齊景公對他不算很周到，推說自己年老不能用他，孔子知趣，第二年就走了。當時齊景公六十歲。

待遇當然是指給的俸額福利，但也包括了一定的禮節，一般而言，給季、孟之間的待遇已算禮遇了，故程頤言：「以季、孟之間待之，則禮亦至矣。」千不該萬不該說了後面一句「吾老矣，不能用也」（不過也是實話），聽了這話，就是給季氏的最高待遇也不可留了，孔子想，我來齊國只是混吃混喝的嗎？孔子之「去」，其實有大義在的。

18.4

齊人歸女樂，季桓子受之。三日不朝，孔子行。

【注釋】

1 歸：饋也，贈也。
2 女樂：由女子組成的樂舞班子，即後世歌舞伎。
3 季桓子：魯大夫，名斯。

【語譯】

齊人送來歌舞伎，季桓子照單全收，魯國因之三天不舉行朝禮，孔子就離開了。

【講析】

此章「孔子行」就是說孔子離開魯國，也就是「去」父母之邦了。

孔子為何要去國呢？因為魯君無心治國。

魯定公十四年孔子由魯大司寇行攝相事，著有政聲，《史記．孔子世家》曰：「齊人聞之而懼曰：『孔子為政必霸，霸則吾地近焉，我之為先并矣，盍致地焉？』犁鉏曰：『請先嘗沮之，沮之不可則致地，庸遲乎？』於是選齊國中女子好者八十人，皆衣文衣而舞康樂，文馬三十駟，遺魯君，陳女樂文馬於魯城南高門外，季桓子微服往觀再三，將受，乃語魯君為周道遊，往觀終日，怠於政事。子路曰：『夫子可以行矣。』」所記此事。此章指季桓子受女樂而三日不朝，其實三日不行朝禮，是國君的事，把責任推給季桓子擔，有為魯君諱的意思。

18.5 楚狂接輿歌而過孔子曰：「鳳兮！鳳兮！何德之衰？往者不可諫，來者猶可追。已而，已而！今之從政者殆而！」

孔子下，欲與之言。趨而辟之，不得與之言。

【注釋】

1 **楚狂接輿歌而過孔子**：一個楚國有狂名叫接輿的人，唱著歌而過孔子之車。又謂接輿為因接近孔子之車，故名之。

2 **鳳兮！鳳兮！何德之衰**：鳳啊鳳啊，怎落得如此下場呀。鳳是用來況孔子的，是極嘆息所發之語。古人以為鳳乃瑞禽，有道則見，無道則隱，今無道之世居然可見鳳，可見鳳亦不堅持，是為德衰。此德非品德之德，指遭遇狀況而言。

3 **已而，而已**：猶云罷了，罷了。

4 **殆**：危也。

5趨而辟之：很快的避開。趨，快步走。

【語譯】

一個號為楚狂名接輿的人，一邊唱歌一邊經過孔子的車子，唱道：「鳳啊！鳳啊！你怎麼落到這種下場呀！已往的事再說也沒用了，以後的事，恐怕還來得及追吧。算了吧，算了吧，今天從政的人，哪個不是充滿危險的呢！」

孔子下車，想跟他說話，但他卻快步跑了，沒辦法說上話。

【講析】

這位楚狂者想要勸孔子不要執著，跟世事最好保持「不即不離」的姿態，以便隨時可「去」，但當孔子下車要詳加詢問的時候，他自己卻迅速的離「去」了，可見「去」雖是本章的主題，但「去」字確實的含意也不是那麼好捉摸。

「識時務者為俊傑」可能是道家一類人物創造的詞語，祥瑞的鳥獸，有道時現個身，讓大家喝個采、叫個好，無道時就立刻躲起來，讓災禍永遠不臨我，「明哲保身」對他們言是最重要的，天下蒼生，其實不干己事。

孔子也說過有道則現無道則隱之類的話，面對世事，也容許可以「權變」的，但逃離並不是他生命意義的極致，儒家放不下別人的疾苦，更不忍涼涼的在一旁說天下興亡都事不干己，儒家總強調承擔。好在孔子下車後而那個人跑了，其實真談也談不起來，因為他的道與孔子的道不同的緣故。

18.6

長沮、桀溺耦而耕，孔子過之，使子路問津焉。長沮曰：「夫執輿者為誰？」子路曰：「為孔丘。」曰：「是魯孔丘與？」曰：「是也。」曰：「是知津矣。」問於桀溺，桀溺曰：「子為誰？」曰：「為仲由。」曰：「是魯孔丘之徒與？」對曰：「然。」曰：「滔滔者天下皆是也，而誰以易之？且而與其從辟人之士也，豈若從辟世之士哉？」耰而不輟。子路行以告。夫子憮然曰：「鳥獸不可與同群，吾非斯人之徒與而誰與？天下有道，丘不與易也。」

【注釋】

1 **長沮、桀溺耦而耕**：長沮、桀溺兩人並首而耕作。耦，並首也。

2 **問津**：問渡口在何處。津，渡也。

3 **執輿者**：猶執轡者。本子路執轡，下車問津，執轡者就變成孔子了。

4 **是知津矣**：是知道渡口在何處的人。是，指孔子。孔子常年在外，當知渡口該在何處。又，渡口其實是象徵，指人生該走的方向。

5 **滔滔者**：如洪水波濤起伏。滔，水迴旋周流皆是。

6 **且而與其從辟人之士也，豈若從辟世之士哉**：指你與其跟著躲避壞人的人走，豈如跟著完全避世的人走更好呢。句中而指子路，辟人之士指孔子，辟世之士指長沮、桀溺。

7 **吾非斯人之徒與而誰與**：我不與人類同群，將與何人同群呢？

8天下有道，丘不與易也：天下如有道，我是不會去求改變的。易，變也。

【語譯】

長沮、桀溺並首在田裡耕作，孔子經過，使子路問渡口何處。長沮問：「現在在車上執轡的人是誰？」子路說：「是孔丘。」

又問：「是魯國的那個孔丘嗎？」子路說：「是的。」長沮說：「那他就該知道渡口在哪兒啦。」子路再問桀溺，桀溺問：「你是誰呀？」答：「是仲由。」問：「是魯國孔丘的學生吧？」子路恭敬回答說：「是的。」

桀溺說：「你看天下滔滔，亂成一團，誰能變得了呢？你與其跟著這避人禍的人到處跑，不如跟著避世的人還穩當些。」就繼續耙土，不理他了。

孔子有點惆悵的說：「鳥獸我是無法跟牠同群的，我不跟人相與共處要跟誰呢？假如天下有道，我才不會汲汲皇皇的追求改變的呀。」

【講析】

孔子時尚無正式的道家，但有道家思想傾向的人可不少，此篇人物都是代表。由此章描述可見儒家與道家之不同。當然道家哲學可能有更高的出發點，此章沒有談及，此處所談是該人該選擇入世或離世的問題。

全章最重要一句話是「鳥獸不可與同群，吾非斯人之徒與而誰與？」人即使可回歸自然，也無法真正與鳥獸同群，則何不「正視」人群之可貴呢？你可以耦耕而食，表面上與人群無關，但知道耕作其實也是接受了人類文明的結果，否則就得如一般禽獸的「弱肉強食」了，真能夠做到嗎？人其實無法真正離開人群的，也無法全然拋棄人已建立的文明的，既然如此，就不能對人群不關懷、不積極了，有此認識，就得對人類社會有所貢獻，這是孔子與儒家思想的真正出發點。

18.7 子路從而後，遇丈人，以杖荷蓧。子路問曰：「子見夫子乎？」丈人曰：「四體不勤，五穀不分。孰為夫子？」植其杖而芸。子路拱而立。止子路宿，殺雞為黍而食之，見其二子焉。明日，子路行以告。子曰：「隱者也。」使子路反見之。至則行矣。子路曰：「不仕無義。長幼之節，不可廢也；君臣之義，如之何其廢之？欲潔其身，而亂大倫。君子之仕也，行其義也。道之不行，已知之矣。」

【注釋】

1子路從而後：子路從孔子行，而相失在後。

2丈人：老人家。丈同杖，扶杖之人，喻老者。

3以杖荷蓧（ㄧㄡˊ）：用木杖挑著竹器擔在背上。蓧，竹器名。荷，擔也。

4四體不勤，五穀不分：四體指手足四肢。五穀即稻、黍、稷、麥、菽。朱注：「五穀不分，猶言不辨菽麥爾，責其不事農業而從師遠遊也。」則是指責子路。錢穆以為是丈人自謙，因為據下文，丈人甚有禮貌。今不取。

5 **植其杖而芸**：將手杖插在田裡，除起草來。芸，除草。

6 **止子路宿**：阻止子路趕路，留宿其家。

7 **行**：指老者已離家。朱子言：「孔子使子路反見之，蓋欲告知以君臣之義。而丈人意子路必將復來，故先去以滅其跡。」

8 **不仕無義**：不出仕是不義的。

9 **道之不行，已知之矣**：大道之不行，已經了然於心。

【語譯】

子路從孔子行，卻落後了，路上遇見一長者，擔著用木杖挑著的竹器。子路問：「請問你見過我的老師嗎？」老人家說：「看你四體不勤、五穀不分的。誰是你老師呀？」他把木杖插在田裡，就自顧自的芸起草來。子路恭敬的拱手站立在一邊。後來老人家要子路不必趕路，並留他在家過夜，殺雞做飯給子路吃，又見著了他兩個兒子。第二天子路見到孔子，把所經過的事告訴孔子了，孔子說：「是一個隱士呀。」要子路回頭去找他，再到他家，老人家已出門了。

子路後來說：「不出仕是不義的。長幼之節不能廢，君臣之義又怎能廢呢？有些人為了清高，把人間的大倫給弄亂了。君子出仕是為了做正義的事，至於大道之不能行，是早已預料的事了。」

【講析】

子路最後一句話：「道之不行，已知之矣」，道出儒家「知其不可為之」的樣貌，有點傻勁，也顯得不那麼聰明圓滑，當然結局卻有點無可奈何。世事報此熱腸是一無所有，說起來有點殘忍。

剩下的，恐怕只有求自己的安心吧，儒家的困頓往往是他們精神之所在。

儒家為「道」而執著而獻身，想到孔子說「朝聞道，夕死可已」的神情，真令人想到宗教徒殉教的樣子。儒家不是宗教，但還是有些地方具有那種不可言喻的、近乎宗教式獻身的力道在的。

當然也不一定要從這方面去思考。此篇連續三章都遇到跟孔子唱反調的人物，與他們對孔子或子路的針鋒相對或冷嘲熱諷的不同，孔子的態度一直保持雍容大度，對自己有充分的自信，對不同於己的，也能包容，孔子認為這些避世之徒都潔身自愛，都是值得珍惜的。從此處看，也可以看出儒者的心懷，很能相容並蓄，孔子只稱他們是求去的「隱者也」，對他們並沒有做惡毒的批評，絕不會小鼻子小眼睛的在小處做文章以傷害他們。

王應麟在《困學紀聞》中言：「沮、溺、荷蓧之行，雖未能合乎中，陳仲子之操，雖未能充其類，然唯孔、孟可以議之。斯人清風遠韻，如鸞鵠之高翔，玉雪之不汙，視世俗徇利亡恥、饕榮苟得者，猶腐鼠糞壤也。小人無忌憚，自以為中庸，而逸民清士乃在譏評之列，學者其審諸。」可見對這類人，也該珍惜。

隱者也許不夠剛健，但絕對是世上的清流，假如沒有隨時可「去」的想法，「入世」就成為非常媚俗的行徑了。前章有「齊人歸女樂，季桓子受之。三日不朝，孔子行」的紀錄，可見處處講入世濟民的孔子，必要時也會選擇走開的。

18.8

逸民：伯夷、叔齊、虞仲、夷逸、朱張、柳下惠、少連。子曰：「不降其志，不辱其身，伯夷、叔齊與！」謂：「柳下惠、少連，降志辱身矣。言中倫，行中慮，其斯而已矣。」謂：「虞仲、夷逸，隱居放言。身中清，廢中權。我則異於是，無可無不可。」

【注釋】

1 **逸民**：逸，隱逸。民，無位之人。

2 **不降其志，不辱其身**：其志不屈，其身不受辱。

3 **言中倫，行中慮**：言語合乎倫理，行事合乎思慮。

4 **放言**：有二義，一指放縱言語，一指放棄言語。今取後說。

5 **身中清，廢中權**：朱注：「隱居獨善，合乎道之清。放言自廢，合乎道之權。」意即其身合乎中道，其放棄言論之舉，合乎權變之理。

6 **無可無不可**：不以他們為可，也不以他們為不可。

【語譯】

逸民有以下幾個：伯夷、叔齊、虞仲、夷逸、朱張、柳下惠、少連。老師說：「守志不屈，又保其身不辱的，應該是伯夷、叔齊兩人吧。」又批評說：「像柳下惠、少連，就有點降志辱身了。但他們說話合乎倫理，行事也多經考慮，大概就這樣吧。」又批評說：「虞仲、夷逸，隱居又不放言高論，他們身體清潔，放言自廢，也合乎權變之道。但我是跟他們不同的，他們的行事，我有些不以為可，也有些不以為不可的。」

【講析】

這是記錄孔子對七個隱逸之士的批評，都是以「去」為高的人物。這些人有些見於史傳，如伯夷、叔齊，也有從未見過經傳的，如夷逸、朱張等，所舉七人，孔子舉名批評的有六，獨朱張未加一語，不知是孔子遺漏或是記錄失誤。

錢穆說得很周全，他說：「伯夷、叔齊，天子不得臣，諸侯不得友，蓋已遁世離群矣。此為逸民之最高者。柳下惠、少連，雖降志而不枉己，雖辱身而非求合，言能合於倫理，行能中於思考，是逸民之次也。虞仲、夷逸，清而不滓，廢而有宜，其身既隱，其言亦無聞，此與柳下惠、少連又不同，亦其次也。此等皆清風遠韻，如鸞鵠之高翔，玉雪之不汙，視世俗猶腐鼠糞壤耳。惟孔子之道，高而出之。故孔子曰：『我則異於是。』正見其有相同處，故自舉以與此輩作比，則孔子之重逸民可知。小人無忌憚，自居為中庸，逸民清士皆受譏評，豈亦如孔子之有異於此輩乎？」大致將此章的意旨說到了。

但錢穆說：「惟孔子之道，高而出之」，並未加以說明。假如指的是孔子自認其道高於他人，就更須說明了。其實孔子只說「我則異於是」，恐怕僅在區別，至少顧及禮貌，並不強調有所謂高低的意思在內。

人的情緒有起落，孔子有時會嚮往道家那種隨遇而安的生活態度（「吾與點也」），也偶爾有離世遠遁的想法（「道不行，乘桴浮於海」），但都是偶爾才有的突發其想，孔子終其身在回應著《易》上所說：「天行健，君子以自強不息」這句話，他對「天」的取象是積極的、不止息的，對命運給他的考驗也從不回避，這一點與他所評論的逸民，絕對是不同的，但孔子似也無意與他們比個高下。

18.9

大師摯適齊，亞飯干適楚，三飯繚適蔡，四飯缺適秦。鼓方叔入於河，播鼗武入於漢，少師陽、擊磬襄入於海。

【注釋】

1 **大師摯**：大師，朝廷的首席樂師。摯，大師名。

2 **亞飯干適楚，三飯繚適蔡，四飯缺適秦**：依據《論語正義》的說法，殷制天子一日四食，食時舉樂，稱為「侑食」。本章亞飯、三飯、四飯指的是第二頓、第三頓、第四頓飯所奏音樂的主樂者，干、繚、缺是他們的名字。他們分別到了楚、蔡與秦，都已不在國內。

3 **鼓方叔**：司鼓者名方叔。

4 **鼗**（ㄊㄠˊ）：小鼓，兩旁有耳，撥、搖兩耳則相擊有聲。

5 **磬**：石製樂器，敲擊有聲。

【語譯】

主持樂壇的太師摯到了齊國，亞飯干到了楚國，三飯繚到了蔡國，四飯缺到了秦，司鼓的方叔去了黃河，播鼗的武去了漢水，少師陽、擊磬襄入了海。

【講析】

此章也是寫「去」的故事，記亂世樂官四散的狀況。

此章為孔門後學所記，與孔子無關，所記也不見得正確。如天子四飯為殷禮，則文中楚、蔡、秦皆後世地名，周朝也無此制，魯國為春秋時諸侯國，自不可能實施四飯之禮的，可見其中問題不小。此記不能以之考實，只是用以記懷興嘆罷了。張載曰：「周衰樂廢，夫子自衛反魯，一嘗治之。其後伶人賤工識樂之正。及魯益衰，三桓僭妄，自大師以下，皆知散之四方，逾河蹈海以去亂。聖人俄頃之助，功化如此。」張載的話，在說孔子對禮樂貢獻，其實這不是此章的主旨。此章所寫，正是感慨當時整個社會禮壞樂崩的景象，李白《古風．大雅久不作》曰：「王風委蔓草，戰國多荊榛」，其境近之。所嘆是好的時代總是過去了，只留下一些痕跡令人追思。

雲聚雲散，樓起樓塌，好的文學總充滿這種感嘆的成分，《論語》雖不是文學書，卻也偶爾流露此種心情，與最高的文學情調相佐相映。杜甫《江南逢李龜年》詩：「岐王宅裡尋常見，崔九堂前幾度聞。正是江南好風景，落花時節又逢君。」今昔對照，所表現的是同一種對文化、藝術、音樂的寥落之嘆。讀者不妨在此深思。

18.10

周公謂魯公曰：「君子不施其親，不使大臣怨乎不以。故舊無大故，則不棄也。無求備於一人。」

【注釋】

1魯公：周公之子伯禽。

2不施其親：親情不弛。施，遺棄也。

3怨乎不以：以不用為怨。以，用也。

4大故：大錯。朱子曰：「謂惡逆。」指罪大惡極或嚴重的叛逆行為。

【語譯】

周公跟魯公說：「君子不要放鬆了對親人的親情，不要讓大臣怨己不見用。故舊老臣無惡逆等大過錯，不要捨棄。不要在一人身上求全責備。」

【講析】

此章記周公說該如何「不棄」的道理，「不棄」即「不去」，周公說這些，主要是人間充滿了「棄」與「去」悲情的故事，又說在高位的君子，須顧念親情，推恩臣屬，原諒人小過又任才使能，貴不求備。

此相傳是伯禽受封至魯，臨行周公訓誡之辭，對周公而言，也是臨「去」的情境，魯人對之傳誦，久而不忘。也可能是孔子嘗與弟子言之，故記於此。

18.11 周有八士：伯達、伯适、仲突、仲忽、叔夜、叔夏、季隨、季騧。

【注釋】

1 周有八士：指周代有八個人，以下為八人之名。或言成王時人，或言宣王時人。又因名字依照伯、仲、叔、季的秩序排列，遂傳「一母四乳而生八子」的話。皆不可考。

【語譯】

周代有八個人，他們是：伯達、伯适、仲突、仲忽、叔夜、叔夏、季隨、季騧。

【講析】

如果本篇全文如此，就沒有意義了。本章可能是古人讀書時，隨手抄了八個人名進《論語》的空白處，後人不察，便以為是書中原文。宋以前，古書的傳布都靠手寫，很容易發生這種錯誤的。本章可如是看。

卷十

子張第十九

子張篇：共二十五章。朱子曰：「此篇皆記弟子之言，而子夏為多，子貢次之。蓋孔門自顏子以下，穎悟莫若子貢；自曾子之以下，篤實無若子夏。故特記之詳焉。」卻未言及篇首三章尚有子張之言，可見朱子雖有理由，尚不夠周愜。錢穆曰：「蓋自孔子歿後，述遺教以誘後學，以及同門相切磋，以及能發明聖義，故編者集為一篇，以置《論語》之後。」或許近之。

19.1

子張曰：「士見危致命，見得思義，祭思敬，喪思哀，其可已矣。」

【注釋】

1 見危致命：就是遇到危險，也可把生命交出，謂可赴危難也。與《憲問》篇 14.13「見利思義，見危授命」同義。

2 思：想到

【語譯】

子張說：「一個為國家服務的官員，做該做的事，就是獻出性命也在所不惜，看到有所得的機會就想到該不該得，從事祭祀的時候，要想到是否恭敬，碰到喪事，要想到是否有盡哀思，這樣大概可以了。」

【講析】

其實子張所說的話，多已見於《論語》的其他篇章之中，如《八佾》篇3.26有「居上不寬，為禮不敬，臨喪不哀，吾何以觀之哉」句；《憲問》篇14.13有「見利思義，見危授命」句；《季氏》篇16.10有「忿思難，見得思義」之句，皆近乎此章所言。可能均是接聞於夫子，當時弟子們都各有所記，也各有了悟。

19.2

子張曰：「執德不弘，通道不篤，焉能為有？焉能為亡？」

【注釋】

1 執德不弘：只知執守品德，不知弘揚。

2 通道不篤：通道，但所信不深。朱子解釋兩句：「有所得而守之太狹，則德孤；有所聞而信之不篤，則道廢。」

【語譯】

子張說：「一個人只知道執守品德，卻不知道要弘揚品德；相信正道，卻信的不很篤實，這種人，怎麼算他有或是無呢？」

【講析】

很多人將此章與《泰伯》篇8.7章比較，指曾子所弘為道，而子張所弘為德，二子之見基本不同，又舉本篇後面子游、曾子批評子張「未仁」、「難與並為仁」諸語，指子張對道的了悟，終欠一層。其實這種判斷，理由並不充分。

子張所言是勸人執德更要能弘，通道更要能篤，看到了積極奮發的精神，正如王夫之所說：「德不弘而成功不大，信不篤而自處不高」，其實無須在「弘道」或「弘德」名詞上糾纏，只從字面分析，當然「道」大於「德」，但曾子與子張在說話時，也許根本沒考慮到兩字的差異，何況假如子張碰到曾子的處境，像曾子一樣的話也不見得說不出的。至於是說到「未仁」，這種討論是多餘的，七十子之徒幾乎無一可曰「仁至」，曾子也不例外，況子張乎。

19.3 子夏之門人問交於子張。子張曰：「子夏云何？」對曰：「子夏曰：『可者與之，其不可者拒之。』」子張曰：「異乎吾所聞：君子尊賢而容眾，嘉善而矜不能。我之大賢與，於人何所不容？我之不賢與，人將拒我，如之何其拒人也？」

【注釋】

1 問交：問交友之道。

2 可者與之：可以相交的，便與之相交。

3 矜不能：同情那些不能的。矜，同情，哀矜。

4 我之大賢與：我如是大賢的話。與，語詞。

5 人將拒我，如之何其拒人也：別人都拒絕與我相交，也就輪不到我拒絕別人了。

【語譯】

子夏的學生去問子張交友之道。子張說：「你們老師子夏怎麼說的？」學生對答道：「我們老師子夏說：『可以與他相交的便與他結交，不可相交的，就該拒絕。』」子張說：「這就跟我所聞有所不同了，我聽到的是：一個君子，應該尊敬賢者，也要寬容眾人。應該嘉許別人行善，也要同情那些沒能力的人。我如真是大賢的話，有什麼人是不能容納的呢？我如不賢，別人就會拒絕我，哪有機會讓我拒絕別人呢？」

【講析】

子夏、子張說的都有道理。假如子夏、子張接聞於夫子有所不同，就正如何晏的《集釋》引蔡邕《正交論》所言：「子夏之門人問交於子張，而二人各有聞乎夫子。然則以交誨也，商也寬，故告之以距人；師也褊，故告之以容眾。」這與朱子的意見不同，朱子以為：「子夏之言迫狹，子張譏之是也。」子夏之言迫狹，是因個性迫狹之故，與蔡邕的說法「商也寬」，正好相反。

《韓非子．顯學》上說：「自孔子之死也，有子張之儒，有子思之儒，有顏氏之儒，有孟氏之儒，有漆雕氏之儒，有仲良氏之儒，有孫氏之儒，有樂正氏之儒。」又說：「孔、墨之後，儒分為八，墨離為三，取捨相反、不同，而皆自謂真孔、墨，孔、墨不可復生，將誰使定世之學乎？」所說是戰國之初，儒、墨兩家發展的態勢。從《子張》篇所記看來，孔子過世之後不久，幾位大弟子之相處，已甚不和諧，彼此批評，而且都顯出一些不屑不耐的神情，可見儒家內部已有分裂的跡象。儒學跟其他學術一樣，如不消亡，都脫離不了分裂、蛻變的命運。

19.4

子夏曰：「雖小道，必有可觀者焉；致遠恐泥，是以君子不為也。」

【注釋】

1小道：與大道相反，楊時曰：「百家眾技。」朱注：「如農圃醫卜之屬。」

2泥：窒泥不通。

【語譯】

子夏說：「如百工眾技，雖是小道，都有可觀之處，但憑這些來做偉大事業就有困難了，是故君子不走此途。」

【講析】

子夏這席話反映了一部分儒家的職業價值觀。君子所從事的是治國平天下的大事，也稱之為「大道」，其他的百工眾技都是「小道」，雖有可觀，但當說君子不為時，高下已分了。但這是有弊病的，知識分子一窩蜂的投身政治事業，對其他則不屑一顧，其實有礙社會均衡發展。所幸只是以前人說的，現在的人，已不太受此說的限制了。

19.5

子夏曰：「日知其所亡，月無忘其所能，可謂好學也已矣。」

【注釋】

1亡：無也，謂己所未有。

2能：已所能。

【語譯】

子夏說：「每天都知道些未知的，每月都不忘其已有的，可以說是好學了。」

【講析】

日、月指的非特定的時間，而是隨時之意。《為政》篇2.11子曰：「溫故而知新，可以為師矣。」皇侃《論語義疏》曰：「日知其所亡，是知新也，月無忘其所能，是溫故也。」就是用此章注彼章的。

學要不拘新舊，日積月累，以期豁然貫通。故此處的學，兼指進德與修業而言。

19.6

子夏曰：「博學而篤志，切問而近思，仁在其中矣。」

【注釋】

1 切問：問仔細。

2 近思：問題要從心裡發出。

【語譯】

子夏說：「要博學又立下大志，要問的問題，都要從心裡發出，像這樣，仁就在其中了。」

【講析】

都論到學，可與上章並讀。從此章看，「仁」是從實處看的。朱子曰：「四者皆學問思辨之事耳，未及乎力行而為仁也。然從事於此，則心不外馳，而所存自熟，故曰仁在其中矣。」

19.7

子夏曰：「百工居肆以成其事，君子學以致其道。」

【注釋】

1 肆：朱注：「謂官府造作之處。」後泛指工人之工作場所。

【語譯】

子夏說：「就像所有工匠都在他工作場所來完成工作，君子也要在自己的學問場域中努力求道。」

【講析】

君子以百工居肆自況，可見也不輕視工匠與製作了。不過也有說「小道」百工都知如此，行「大道」的君子卻不知，這是不對的事，語意中還是有些高下之分的。當然，此章的主題在強調學習，成事、致道如真有高下之分，也不是重點所在。

19.8

子夏曰：「小人之過也必文。」

【注釋】

1 文（ㄨㄣˋ）：文飾，用好聽的話修飾。

【語譯】

子夏說：「小人犯了錯，一定文飾。」

【講析】

文飾、說謊往往是一種直覺式的心理防衛，一般人都有的，不見得是「小人」所獨有，但「小人」文過飾非的行為也許直接些、粗糙些，更容易讓人看出來。

19.9

子夏曰：「君子有三變：望之儼然，即之也溫，聽其言也厲。」

【注釋】

1三變：三種變化。不是指君子在變，而是從三個角度看同一個君子，可能有不同面目。以下所舉，是不相同的三種面目。

2儼然：嚴肅，容貌莊重。

3溫：平和。

4厲：精準又確立。

【語譯】

子夏說：「君子有三不同面目：遠望很嚴肅，靠近了很溫和，說起話來又精準鋒利無比。」

【講析】

「三變」是給人的三種不同的感受與印象，細分的話，何止三變呢，百變都有可能，但看是站在何種角度，又用什麼方式看他，不過無論如何變化「君子」的內心是始終如一的。這與顏淵稱夫子的話接近，僅夫子、君子之差而已。「仰之彌高，鑽之彌堅；瞻之在前，忽焉在後」（《子罕》篇9.10），顏淵所言孔子忽前忽後、高深莫測的景象，是弟子在不同狀態下的心理作用，並不是孔子本身有什麼變化，這跟我們觀察地球是一樣的，雖然有南北四時「表象」之不同，但地球還是一個。

19.10

子夏曰：「君子信而後勞其民，未信則以為厲己也；信而後諫，未信則以為謗己也。」

【注釋】

1 信：取信。

2 厲：害也。

【語譯】

子夏說：「君子須先取信於民，之後才使喚他們，未先取信，人民會覺得在殘害他們；對國君也一樣，要先取信於他，然後再進行諫諍，否則國君會覺得在毀謗他呢。」

【講析】

互信則不相干的人都可成為一體，懷疑則原本一體的也會離心離德，一家也遠如路人。所以子夏提出取信的重要，不論對上對下、對左對右，這是置之四海皆準的道理。

19.11

子夏曰：「大德不踰閑，小德出入可也。」

【注釋】

1 大德小德：猶言大節小節。

2 踰閑：超過界限。閑，闌也，所以止物之出入。

【語譯】

子夏說：「大節不可踰越界限，小節有些出入則無妨。」

【講析】

這是子夏的話，非孔子的話。

此處的大德如指個人，是指人立身的大原則、大方向，如指群體，則指立國的精神、施政的方針等，這些事都影響太大，經確定後就不可稍有踰越的，否則就亂了。對這些「大德」必須勤勉謹慎，但在比較小的地方，則建議略可放鬆，這純粹是因為人如過分緊繃，反而會誤事，影響到大德的完成。在小處不多計較，是為了成就更大的可能。

但有人認為「小德」也不可隨意出入的，特別是宋明儒中強調「戒慎恐懼」（如鄒守益）、「慎獨」（如劉宗周）的一派，因為從小節上才可以看出君子的「大防」來，這一派的說法，也不是沒有道理。因此子夏之言，須從大體上看。

19.12

子游曰：「子夏之門人小子，當灑掃、應對、進退，則可矣。抑末也，本之則無。如之何？」子夏聞之曰：「噫！言游過矣！君子之道，孰先傳焉？孰後倦焉？譬諸草木，區以別矣。君子之道，焉可誣也？有始有卒者，其惟聖人乎！」

【注釋】

1 **門人小子**：即門弟子。也有認為「小子」應與後連讀，不取。

2 **灑掃**：即灑水掃地等細事。

3 **抑末也**：可能是末節吧。抑，疑詞，或者是，可能是。

4 **孰先傳焉？孰後倦焉**：哪些該先傳，哪些該後傳呢。倦，朱子言：「如誨人不倦之倦。」指因倦而後傳甚至不傳了。這是子夏對子游的反質疑。

5 **譬諸草木，區以別矣**：跟草木一樣，有各種區別的方式在的。朱子釋此兩句曰：「言君子之道，非以其末為先而傳之，非以其本為後而倦教。但學者所至，自有淺深，如草木之有大小，其類固有別矣。若不量其深淺，不問其生熟，而概以高且遠者強而語之，則是誣之而已。」

6 誣：欺罔。

7 有始有卒：有頭有尾，有始有終。

【語譯】

子游說：「子夏的門人小子，要他們去做些灑掃、應對、進退的事是可以的。但可能都是些末節吧，根本的東西好像沒有呢。這該怎麼辦？」

子夏聽了說：「唉，子游錯了！我們傳君子之道的，哪些該先教，哪些該後教，甚至不教了，就跟園中草木一樣，各有區別的。君子之道，怎可欺罔曲解呢？要把所有事都做到慎始善終，做到前後一致的，恐怕只有聖人才能的吧。」

【講析】

游、夏之爭可以說是小問題，但有意發揮，也可成為大問題。

從子游、子夏的爭辯，可以看出孔子死後儒學面臨分裂的景象。子游認為，在細微處耗去太多精神，往往不能把握道的大體，這叫「小學而大遺」，不能說全無道理，但說子夏之施教「本之則無」四字，語氣也太強了點。另一方面，子夏可以婉言解釋，但首句就說「噫！言游過矣」，也甚有拒人千里之勢，意見不同，當可原諒，但兩人似乎不在乎將衝突擴大，這就頗耐人尋味了。

子夏主張教學應從細節入手，然後循序漸進，以達識道之全體，其實也有教育理論的依據，後世以孔門傳經之功歸之子夏，所以雙方意見不同時，多偏向子夏一方，如朱子言：「言君子之道，非以其末為先而先傳之，非以其本為後而倦教。」程頤曰：「君子教人有序，先傳以小者近者，而後教以大者遠者。非先傳以近小，而後不教以遠大也。」都在替子夏說話。

游、夏兩派都各有說法與證據的，這些爭端其實永遠解決不了，倒是通過爭端顯示了孔門弟子間裂痕，讓人不得不注意。《禮記．檀弓》載曾子責子夏「喪子而喪明」，曰：「吾與女事夫子於洙泗之間，退而老於西河之上，使西河之民，疑女於夫子，爾罪一也。」可見孔子死後，大弟子之間，相與並不十分相契，彼此之間似有嚴重矛盾存在，有的可能是「理念」不同，有的可能是為搶學生而形成的利益衝突，此章子游、子夏之爭，也可以看到一些痕跡。

19.13

子夏曰：「仕而優則學，學而優則仕。」

【注釋】

1 仕：做官，做公務員。

2 優：有餘力。

【語譯】

子夏說：「做官有餘力就要進修，讀書向道，有餘力可從事公職。」

【講析】

子夏這兩句話在傳統文化有很大的影響力，將「仕」與「學」的間隔打破，成為一體。「學問為濟世之本」有個優點，是讓「學」能落實，也有了出路，但也有個缺點，就是助長了學的功利化，對如「純知識」之類的發展，形成了一些阻力，因為公認純知識是無用或者比較無用的。

19.14

子游曰：「喪致乎哀而止。」

【注釋】

1 致：極也。

【語譯】

子游說：「喪禮，達到哀的極致就該停了。」

【講析】

《八佾》篇 3.4 孔子曾言：「喪，與其易也，寧戚。」簡或繁都不是喪禮的重點，喪禮的目的在傳達人對死者的哀思，所以盡哀才是核心意義。但朱子對此章中的「而止」有意見，認為此二字，「亦微有過於高遠而簡略細微之弊」，的確，「而止」兩字稍強烈了，不如孔子「寧戚」二字之有涵泳。

19.15

子游曰：「吾友張也，為難能也。然而未仁。」

【注釋】

1 吾友張也：即吾友子張。

2 難能：讚譽之辭。謂子張之所為，在他人而言是難能的。

【語譯】

子游說：「我的朋友子張，他的成就已屬難能了。但還不能算是到了仁的地步。」

【講析】

此章的「難能」因無解釋，所以有很多不同說法，劉寶楠《論語正義》引《大戴禮》，以為子張容儀過盛，難與並為仁。朱子則認為子張行過高，而少誠實惻怛之意。這些說法，如沒舉出具體證據，都不免有點穿鑿，即使在他處有類似紀錄，如下章曾子言「堂堂乎張也，難與並為仁矣。」也不可據謂此處言子游之意必在此，所以只得存而不論了。

孔子從不許人以仁，故說一人未及仁，不算責人之過。但子游此時特別標舉出來，恐怕心中對子張確實有不盡滿意之處。

19.16

曾子曰：「堂堂乎張也，難與並為仁矣。」

【注釋】

1 堂堂：正當又盛大。此指儀容氣度而言。

【語譯】

曾子說：「我的朋友子張儀態堂堂，但難以與他一起行仁啊。」

【講析】

同樣是批評子張的，這裡曾子說到「堂堂」兩字，似指出子張不足行仁的原因，但不與上章子游所說的完全相同，子游不見得會與曾子「同一個鼻孔出氣」，上章子游的「難能」應該另有指。堂堂可指儀態，可指心胸氣魄，在一般地方都是正面的形容詞，但在「行仁」的標準下，恰巧都變成有些故作姿態的負面含意。

以上連續兩章記孔門大弟子對另一大弟子子張的批評，顯得有些特殊。這「未仁」或「難與並為仁」如由孔子說出，都是合理的，但由同門說出，就顯示是弟子之間有不滿與「攻擊」的含意在了。

19.17

曾子曰：「吾聞諸夫子：人未有自致者也，必也親喪乎！」

【注釋】

1致：極盡宣洩感情。朱子曰：「盡其極也。蓋人之真情不能自已者。」

【語譯】

曾子說：「我曾聽夫子說過：一個人平時很難有極盡其情的時候，唯一的可能，是在喪親時吧。」

【講析】

是不是孔子真說過，也不能確定，但有一個問題，是儒家後來越來越走向克制自我，羞於表現純真的至情，只有在喪親時才允許表露，其實這會對人性產生一些扭曲作用的。有人歸之於過分提倡禮教，而禮教又變得僵化，所發揮的作用也不盡正面，禮教與人性漸漸脫軌，遂使後代有「吃人的禮教」之譏。

我們看《論語》所述，孔子對感情並不刻意掩飾，極盡其情不見得臨喪時才有，可見此章所說是有些問題在的。

19.18

曾子曰：「吾聞諸夫子：孟莊子之孝也，其他可能也；其不改父之臣與父之政，是難能也。」

【注釋】

1孟莊子：魯大夫仲孫速。其父獻子，名蔑，有賢德。

【語譯】

曾子說：「我曾聽老師說：孟莊子的孝，是他人也可能做到的，而他不改父親所用之臣與所行之政，那就是一般人難以做到的了。」

【講析】

此章可與《學而》篇1.11「三年無改於父之道，可謂孝矣」並讀。但曾子為何獨以「其不改父之臣，與父之政」為難能，並未作進一步解釋。朱子曰：「（其父）獻子有賢德，而莊子能用其臣，守其政。」表示此語成立應有先決條件，假如父親在時「政通人和」，便屬必然，萬一父之政為荒政，父之臣如和珅，則孝子應如何？康有為曰：「若其非也，則禹之治水，盡易鯀道。」（《論語注》）恐怕是較正確的補足說明。

19.19

孟氏使陽膚為士師，問於曾子。曾子曰：「上失其道，民散久矣。如得其情，則哀矜而勿喜。」

【注釋】

1 孟氏：生平不詳。《論語正義》引鄭玄注云：「慶父轍稱死，時人為之諱，故云孟氏。」稱死即尋死，自殺，但為何稱他孟氏，也無解答。杜預謂慶父是魯莊公之長庶兄，故稱孟氏。朱注及他注皆未注此人。

2 陽膚：曾子弟子。

3 民散：指民心離散。朱注：「謂情義乖離，不相維繫。」

4 士師：典獄之官。

5 如得其情：如知其實。情，實也。

6 哀矜而勿喜：哀憐而不可高興。

【語譯】

孟氏指派陽膚做典獄官，陽膚問曾子的意見。曾子說：「在上位的已失其道了，民心離散久矣。你判獄的時候如知道了這些人的真實情況，要哀矜他們，不要光以自己明覺而自喜呀。」

【講析】

此章記曾子訓誡弟子陽膚之言，書成當已甚晚。

謝良佐曰：「民之散也，以使之無道，教之無素。故其犯法也，非迫於不得已，則陷於不知也。故得其情，則哀矜而勿喜。」曾子以為人民入罪的原因是居上者失其道，所以使政治上軌道，才是根本，這與之前孔子曾言：「政者，正也。子帥以正，孰敢不正」（《顏淵》篇12.17）相通。

19.20

子貢曰：「紂之不善，不如是之甚也。是以君子惡居下流，天下之惡皆歸焉。」

【注釋】

1 紂：殷商的最後之主。

2 惡居下流：不喜居於下流處。下流，地形卑下之處。

3 惡皆歸焉：卑下之處，眾流所歸，人如有惡聲，眾惡皆歸之。

【語譯】

子貢說：「商紂的壞處，並沒有一般人說的那麼多呀。所以君子不肯居於下流之地，怕天下的惡名都歸在他身上。」

【講析】

顧頡剛曾有《紂惡七十事之發生次第》一文（見《古史辨》），統計古史中對商紂「惡」事的描述共有七十項，但考之最原始的紀錄《尚書》中只有兩項，其餘六十八項均是歷年所「層累造成的」，也就是此章子貢所言「紂之不善，不如是之甚也」，顧的論述也為「君子惡居下流」做了證明。

此章所言其實有些困頓，明知眾惡歸之，沒人想自居下流的，只是有時由不得人。譬如紂就不見得是自居下流，而是在歷史上不幸被認作是下流。他最大的「下流」是被武王所滅，成了個亡國之君，要知道歷史有時跟盲目的眾人一樣，是喜歡打「落水狗」的，當亡了國之後，就成了眾惡所集的人，這是「成者為王，敗者為寇」的命運模式。子貢說此話有點「宿命」的含意，勸人不要墮入一般人所謂的「下流」之中。但天命是人無法完全掌控的，在這方面，商紂命不好，成了亡國之君，即使人再英明，恐怕也是白搭。

19.21

子貢曰：「君子之過也，如日月之食焉：過也，人皆見之；更也，人皆仰之。」

【注釋】

1 **日月之食**：指日蝕、月蝕。食，通蝕。

2 **更也，人皆仰之**：有所改，人皆仰望，仰望有期盼的含意。更，改也。

【語譯】

子貢說：「君子有過失，就像日月之有蝕。有過錯，人都能看見。當他改過，人皆仰望。」

【講析】

日月有蝕，不傷長照，人有過失，不害其明，有過貴改，善莫大焉。但從文末「人皆仰之」看，此處的君子可能專指國政的領導者而言。此章也可與本篇 19.8 章並看，可知君子小人之分別。

19.22

衛公孫朝問於子貢曰：「仲尼焉學？」子貢曰：「文武之道，未墜於地，在人。賢者識其大者，不賢者識其小者，莫不有文武之道焉。夫子焉不學？而亦何常師之有？」

【注釋】

1 **衛公孫朝**：衛大夫。春秋時魯、鄭、楚皆有公孫朝，故加衛字以別。

2 **仲尼焉學**：孔子是向誰學習的。錢穆曰：「尼，乃孔子卒後之謚。孔子卒，魯哀公誄之，稱之曰尼父。蓋尼本孔子之字，古人有即字為謚之禮也。《論語》惟此下四章稱仲尼，篇末且有其死也哀之語，似皆在孔子卒後，故稱其謚。」

3 **文武之道**：周文王、武王之道。

4 **未墜於地，在人**：並未消亡於地下，仍在人間流傳。

5 常師：固定的老師。

【語譯】

衛公孫朝問子貢，說：「仲尼的學問從哪兒來的呀？」子貢說：「文王、武王的大道，並沒有沉埋在地下，而仍存在在一般人的身上。賢人知道其大者，不賢的知道其小者，他們身上莫不有文、武之道的。我們夫子何處不可學呢？只是哪有固定的老師呢？」

【講析】

此章是子貢說明孔子的為學態度，即是天下之大，處處可習，人人可以為師，不泥於一物，不限於一人，是故「聖人無常師」。朱子《大學・格物補傳》先言「眾物之表裡精粗無不到」，後言「我心之全體大用無不明」，可資佐證。王夫之以為孔子之偉大，不在生而知之，而在學而知之，說孔子為「集千聖之學以為學，而聖學乃大。」

19.23

叔孫武叔語大夫於朝，曰：「子貢賢於仲尼。」子服景伯以告子貢。子貢曰：「譬之宮牆，賜之牆也及肩，窺見室家之好。夫子之牆數仞，不得其門而入，不見宗廟之美，百官之富。得其門者或寡矣。夫子之云，不亦宜乎！」

【注釋】

1叔孫武叔：魯大夫叔孫州仇。

2語大夫於朝：跟朝廷其他大夫說。

3子服景伯：魯大夫子服何，謚景，號景伯。

4仞：古七尺為一仞。

5宗廟之美，百官之富：宗廟、百官指朝廷建築之宏偉亮麗，並非指孔子所居，因前有「譬之」二字。

6夫子之云，不亦宜乎：先生所言如此，不是更恰當嗎？此處夫子，是指叔孫武叔。

【語譯】

叔孫武叔在朝廷上當著很多上朝的大夫的面說：「子貢比孔子還賢呢。」子服景伯把這事告訴了子貢。子貢說：「就以房屋的圍牆為譬吧，我的牆只有及肩的高度，人在牆外，家裡有什麼好處，都可以給人看個透。我們老師家的圍牆，有好幾仞之高，如果不得其門而入，在牆外是看不到裡面的宗廟之美、百官之富的。能得其門而入的少之又少，所以那位叔孫先生這樣說，也沒什麼好奇怪的了。」

【講析】

後代孔廟照壁往往題有「萬仞宮牆」四字，實脫胎於此章。

子貢以宮牆為況，真是極妥貼的比喻。之所以如此妥貼，一方面是子貢本身就善於言語，一方面此言發自肺腑至誠，令人動容。

子貢是孔門很特殊的一個學生，他善於言語，又會「貨殖」，孔子在時就在各地做過官，是個極有辦事能力的人，被孔子稱道為「瑚璉」之才（《公治長》篇 5.3）。但他與子夏、曾子不同，孔子死後沒有開門立派，也沒四處講學，《孟子・滕文公上》言：「昔者孔子沒，三年之外，門人治任將歸，入揖於子貢，相向而哭，皆失聲，然後歸。子貢反，築室於場，獨居三年，然後歸。」可見他對孔子較其他人更有情有義，今曲阜孔林孔子墓旁猶有子貢廬墓處，供人憑弔。崔述認為此章可代表孔門為孔子所做的「定調」，崔述曰：「按《論語・子張篇》，子貢之推尊孔子至矣。則孔子之道所以昌明於世者，大率由於子貢，其功不可沒也。」（《洙泗考信錄》）

19.24

叔孫武叔毀仲尼。子貢曰：「無以為也，仲尼不可毀也。他人之賢者，丘陵也，猶可踰也；仲尼，日月也，無得而踰焉。人雖欲自絕，其何傷於日月乎？多見其不知量也！」

【注釋】

1 **無以為也**：猶言不用如此。

2 **丘陵**：土高曰丘，大阜曰陵。

3 **自絕**：自己宣告與彼無關係。

4不知量：不知計量。猶不知高低，不明深淺。

【語譯】

叔孫武叔詆毀仲尼。子貢說：「這樣是沒用的呀。仲尼，是無法詆毀的。別人的賢，再高也跟丘陵一樣，是可以跨越過去的。仲尼呢，他卻像日月一樣，是不能讓你跨越的。一個人要自絕於日月，對日月有何傷害呢？只不過讓人多看出一點他的不自量吧！」

【講析】

還是在維護孔子之價值上發言，立場與強度，與上章十分相同。

子貢與宰我，在「孔門四科」中，被認為是長於語言者。由上章宮牆之喻到此章的日月之比，就知道子貢之善譬，這是好文學的必要手段。

19.25

陳子禽謂子貢曰：「子為恭也，仲尼豈賢於子乎？」子貢曰：「君子一言以為知，一言以為不知，言不可不慎也。夫子之不可及也，猶天之不可階而升也。夫子之得邦家者，所謂立之斯立，道之斯行，綏之斯來，動之斯和。其生也榮，其死也哀，如之何其可及也。」

【注釋】

1陳子禽：不可考，應與前叔孫武叔、子服景伯同為魯人。

2子為恭也：你是因為恭敬的緣故嗎？也，猶耶、邪，疑辭。

3君子一言以為知，一言以為不知：君子由人之一言可判斷其是知或是不知。

4夫子之得邦家者：夫子如得邦家之任以騁其政治才幹。

5立之斯立：欲立則立。

6道之斯行：導之遂行。道，導也。

7綏之斯來：安之則來。綏，安也，安其民，則民即來歸。

8動之斯和：鼓舞民心，人可達和諧之境。朱注：「動，謂鼓舞之也。和，所謂於變時雍。言其感應之妙，神速如此。」

【語譯】

陳子禽對子貢說：「你是恭敬的緣故吧，其實仲尼哪有你賢呢？」子貢說：「君子只要聽人一言，就明白那人是知道或不知道了，所以說話不可不謹慎呀。我們老師是無人可及的，就像要上天是不能靠梯子一樣。我們老師假如有機會治理國家，那就是他要建立什麼就建立了什麼了，他要領導人民前進，人民就前行，遠人經他安撫，都來歸了，他鼓舞大眾，大眾都雍熙和平起來。他活著大家都稱榮他，他死後大家都哀痛他。像這樣的人，要叫人如何能及呀！」

【講析】

前文言及孔子死後，孔門儒學有分裂之跡象，讀此篇諸章，可以見到。但儒學不能僅停在一處，開枝散葉，才是繼續發展之途。因此彼此有異見，正表示有更深探討之可能，是以該用更積極態度視之。

子貢雖沒有建立自己的學派，卻維護孔子之學不遺餘力，錢穆曰：「獨子貢三章，列為本篇之殿，蓋子貢之稱道聖人，已被視為後起孔門之公論矣。」可見本篇數章對後來儒學之定位與開展，至為重要，不能以僅弟子之言而輕忽之。

堯曰第二十

堯曰篇：共三章。錢穆以為此篇「章節之間，多留罅縫」，又「疑辨遂滋，定論難求。」

20.1

堯曰：「咨！爾舜！天之歷數在爾躬，允執其中。四海困窮，天祿永終。」舜亦以命禹。曰：「予小子履，敢用玄牡，敢昭告於皇皇后帝：有罪不敢赦。帝臣不蔽，簡在帝心。朕躬有罪，無以萬方；萬方有罪，罪在朕躬。」周有大賚，善人是富。「雖有周親，不如仁人。百姓有過，在予一人。」謹權量，審法度，修廢官，四方之政行焉。興滅國，繼絕世，舉逸民，天下之民歸心焉。所重：民食、喪、祭。寬則得眾，信則民任焉，敏則有功，公則說。

【注釋】

1 堯曰：朱注：「此堯命舜，而禪以帝位之辭。」

2 咨：嗟嘆聲。

3**天之歷數在爾躬**：天顯歷代帝王次第的瑞象在你身上。歷數，指帝王相繼之次第。爾躬，你身上。猶言天命在汝身。

4**允執其中**：應執行中庸之道。允，信也，真的。中，中庸、中正之道。

5**四海困窮，天祿永終**：天下人民窮困的話，上天給你的瑞命也就永遠終止了。終，完結了。古時四海、八荒、中國、天下大致同義。

6**曰予小子履**：曰字前當脫一湯字，應作湯曰。履，湯名。小子，呼己名前所加之謙稱。

7**敢用玄牡**：謹用黑色公牛做犧牲。敢，不敢而必須，古人極恭謹用語。

8**敢昭告於皇皇后帝**：恭敬明告在天上之上帝。后即帝。皇皇后帝即皇帝，戰國之前，皇帝不指人，而指上帝。

9**有罪不敢赦**：凡有罪，湯自不敢赦，唯上帝之命是聽。

10**帝臣不蔽，簡在帝心**：上帝之臣，我不敢蒙蔽，一切決定操在上帝手上。簡，選擇。

11**朕躬有罪，無以萬方**：我本身的罪，請勿牽動萬方。朕，古者貴賤皆可自稱，秦後方為帝王專用。

12**周有大賚**（ㄌㄞˋ），**善人是富**：周得天下，所有善人都得以安享富貴。以下朱子以為是敘周武王。大賚，天所賜之大禮物，指得天下。

13**周親**：至親也。

14**謹權量，審法度，修廢官，四方之政行焉**：謹慎的將民間使用的量輕重、長短的用具弄得可用，把亂世荒廢的官吏制度修復了，使四方行政無誤。權量，秤重之用具，法度，量長短之工具。

15興滅國，繼絕世，舉逸民：讓已滅之國重起，讓斷了的世代有承，舉隱逸之民以授其職。興滅繼絕，為封黃帝、堯、舜、夏、商之後。舉逸民，朱子認為是：「釋箕子之囚，復商容之位。」《史記 • 殷本紀》：「商容賢者，百姓愛之。紂廢之。」

16所重民食、喪、祭：以民之食、喪、祭三事為重。

17公則說：《陽貨》篇17.6孔子答子張問仁，曰：「恭、寬、信、敏、惠。」由於《論語》一書從未將「公」列為德目，一說此處公應為惠字之誤。但語譯部分，仍採公字義，意即領導者公正，人民便喜悅向心。

【語譯】

堯說：「啊，舜啊！上天所顯的歷數在你身上了。要好好的把握那中庸之道。要知道，當四海人民窮困時，上天給你的位置也永保不住了。」後來舜也把這番話說給禹聽。

湯在放逐了夏桀之後禱天說：「我小子履，不敢不小心的用黑公牛來祭天，不敢不恭謹的向高高在上的天帝禱告。人有罪，我不敢擅赦，那些伏事天帝的臣子，我是不敢蒙蔽的，要賞要罰，一切由天帝決定。我個人有罪，希望不牽動萬方，要是萬方有罪，就請處罰我一人。」

周武王得到上天的恩賜，就讓所有善人都安享富貴。他說：「就算有至親，也不如有仁人。百姓有過，責任在我一人身上。」他謹修度量衡，恢復亂世荒廢的官吏制度，使四方行政都又運作起來。他又讓滅亡的國家再興，已絕的世族再續，並且提拔隱逸的賢才出來為民服務。他所看重人民的三件事是民眾的飲食生活，還有喪禮與祭禮。他知道寬宏就能得眾；能有信，民眾就信任他；敏勉做事，可以有成；公平，就讓人心悅誠服了。

【講析】

此章十分特殊，在文章上，看不出任何與孔子或弟子有關。與《微子》篇 18.9 章一樣，說的都是別人的事。但此章與 18.9 不同的是，18.9 只記了幾個音樂家「淪落」的消息，通章沒有任何一句評論與主張，此章就充滿了意見與主張，而意見與主張又集中在君得天之助佑以治民，以及敬天愛民的一些細節。錢穆以為此章最後數語是孔子之語，說：「本篇（章）歷敘堯、舜、禹、湯、武王所以治天下之大端，而又以孔子之言繼之。」其實此章最後幾句與《陽貨》篇 17.6「恭、寬、信、敏、惠」近似，卻不能說等同，不能遽判定是或非為孔子之言。

就如錢穆所說，本章「歷敘堯、舜、禹、湯、武王所以治天下之大端」，把相傳是古代的聖君連成彼此「心傳」的一條線，後來在中國文化（尤其儒家文化）中形成了所謂「道統」的觀念，其中最重要的是所謂的「十六字心傳」，也就是《尚書・大禹謨》中說的：「人心惟危，道心惟微；惟精惟一，允執厥中」。其實這十六字是後人依據《論語》有「允執其中」之語而改編混入的，但對從堯、舜以來，聖賢一脈的觀點，增加了說明性，而這聖賢一脈的觀點包含了道德的詮釋權與對人民的統治權，君不只是君，而且是萬民的道德表率，這個觀點對後世造成很深遠的影響。

卻也不能說跟孔子完全無關，因為孔子曾說過：「文王既沒，文不在茲乎？」又說：「久矣，吾不復夢見周公。」可見孔子認為他自己思想的來源，有強烈的繼承文、武、周公之心願。如果說「統」是指延續而言，在孔子身上，雖無道統之名，卻已含道統之實，不過這道統是指道德的延續而說，又是「軟性」的，不是全靠政治力來維護的。

但孔子在意的是周道（以周公為代表）絕續的問題，他說過：「郁郁乎文哉，吾從周。」（3.14）卻從未說過要「祖述堯舜」的話，這可能是周之後的歷史在孔子而言是信而有徵的，殷以前就不是那麼可靠了（《八佾》篇3.9「殷禮，吾能言之，宋不足徵也。」），堯、舜則更為遙遠。

20.2

子張問於孔子曰：「何如斯可以從政矣？」子曰：「尊五美，屏四惡，斯可以從政矣。」子張曰：「何謂五美？」子曰：「君子惠而不費，勞而不怨，欲而不貪，泰而不驕，威而不猛。」子張曰：「何謂惠而不費？」子曰：「因民之所利而利之，斯不亦惠而不費乎？擇可勞而勞之，又誰怨？欲仁而得仁，又焉貪？君子無眾寡，無小大，無敢慢，斯不亦泰而不驕乎？君子正其衣冠，尊其瞻視，儼然人望而畏之，斯不亦威而不猛乎？」子張曰：「何謂四惡？」子曰：「不教而殺謂之虐；不戒視成謂之暴；慢令致期謂之賊；猶之與人也，出納之吝，謂之有司。」

【注釋】

1 **惠而不費**：使民得利，而上無所費。

2 **欲而不貪**：有所期望，卻不貪多。

3擇可勞而勞之，又誰怨：選擇有能力的擔當勞務，則事皆做成，無須怨人矣。「又誰怨」多解釋作又有誰會埋怨，意為有誰會埋怨我，但審其他四事，結語如「斯不亦惠而不費乎」、「又焉貪」、「斯不亦泰而不驕乎」、「斯不亦威而不猛乎」，皆是指君子而言。故「君子勞而不怨」，不怨是君子，而非他人，此處「有誰怨」乃「又怨誰」之意。

4尊其瞻視：重視儀容。

5不戒視成：無先告誡，卻要察看人之所成。

6慢令致期：政令下的很慢，卻要人民在短期做到。

7猶之與人也，出納之吝，謂之有司：譬如說已平均好答應要給人的，真要給時卻吝嗇起來，變成一副苛刻小官員的樣子。猶之，猶言均之也。朱注：「均之以物與人，而於其出納之際，乃或吝而不果。則是有司之事，而非為政之體，所與雖多，人亦不懷其惠矣。項羽使人，有功當封，刻印刓，忍弗能予，卒以取敗，亦其驗也。」

【語譯】

子張問孔子說：「要怎麼樣才能從政呀？」老師說：「尊尚五美、屏除四惡，就可以從政了。」子張問：「何謂五美呢？」老師說：「君子要做到惠而不費、勞而不怨、欲而不貪、泰而不驕、威而不猛這五件事，就算有了五美了。」

子張問：「什麼叫做惠而不費呢？」老師說：「依據人民利益所在而給他福利，這不是給了人恩惠而不破費自己嗎？選擇有能力的人擔當職務，政事得以推行，你又有誰可怨呢？你想行仁也行了仁，又還有什麼要貪求的呢？一個君子不論人多人少，也無視他權位的大小，都不敢怠慢，這豈不是舒泰而不驕傲嗎？一個君子要整齊衣冠，重視儀容，讓人見了儼儼然生了敬畏之心，這豈不是威嚴而不暴猛嗎？」

子張又問：「什麼叫四惡呢？」老師說：「不先施教，有罪就殺他，就叫作虐；不先告誡，卻要檢查別人是否完成，就叫作暴；政令下得慢，卻要人在短期做到，就叫作賊；已說好要均分給人的，但臨出納之際卻吝嗇起來，這叫作像小官員一般的小兒科了。」

【講析】

此章是孔子對子張講從政之道，但有許多可疑之處。

其一是稱呼的問題，前面是「子張問於孔子」，後面就用「子曰」了，這是體例不統一。其次是孔子先言「尊五美、屏四惡」，並未作解釋，等子張問了何謂五美、四惡時，才作解釋。有趣的是當子張問「何謂惠而不費」時，孔子不待他續問，便把以後的「四美」也和盤托出，跟前面的敘述方式又有所不同。

子張經常問孔子要如何從政的問題，《論語》有關「問政」的話題也很多，與《論語》中也多「問仁」的話題，正好可以看出儒家有關「內聖外王」的兩層面向來。「內聖外王」出自《莊子・天下篇》，原本不是專論儒家的，但後來常用來解釋儒家思想的兩層關懷，也算周愜，這兩層關懷第一個是指個人的，要求個人品德提升，以達聖人境界，另一個是社會的，是要將個人的品格發揮極致，以造福全世界。做法有兩種，一種是比較消極的，就是「己所不欲，勿施於人」，而積極的是「己欲立而立人，己欲達而達人」的「推己及人」，把「德」盡數的發揮在政治事業上，《大學》從「格」、「致」講到「治」、「平」，其實就是這回事。

此章講了比較多為政的細節，有些地方顯得瑣碎了些，而文字也很特殊。由於體例與敘事多有可疑之處，也有人懷疑是戰國時人所作。崔述認為，《論語》的後五篇有很多為後世雜湊之材料，不可盡信為孔子之親言，我們對此章所說，也只得以此態度。

20.3

子曰：「不知命，無以為君子也。不知禮，無以立也。不知言，無以知人也。」

【注釋】

1 知命：知道有天命這回事。
2 知言：此知言，是指知道別人所言的正確意涵，不會曲解，
3 知人：知道別人的真正意圖，也可以判斷別人的長短優劣。

【語譯】

老師說：「不知天命，是無法成為君子的。不知禮節，是無法在社會立足的。不知一人之言，就無法知道這個人了。」

【講析】

此章是《論語》最後一篇最後一章，相傳《魯論》並無此章，是鄭玄以《古論》校《魯論》而補上的，是對是錯，現已無法考其實了。就算為鄭玄所補，置於全書之後，在意義上可能也有其特殊性。

又有一說是此章開首古本原作「孔子曰」，是朱子在《四書章句集注》中改為「子曰」的，真是如此，別處不改，只改此處，也很特別。

此章只三句，其實前面都說過。知命的事，《為政》篇2.4有「五十而知天命」語，說「知命」不說「認命」，也不說「信命」，表示孔子重視人文創作，卻也不能排除人生在立志與遂行之間，有許多自己無法掌握的因素，這因素可名之曰命，既有此因素，可見人間的「英雄」是不能以成敗來論的。另外「知命」使得孔子「知其不可而為之」（見《憲問》篇14.41）更具嚴肅性，「知其不可而為之」有點接近西方文學「悲劇英雄」的行為，這種英雄常與命運相抗，而結果多是失敗的。不過在孔子所言的命運中，卻刻意的不讓英雄朝悲劇的方向去發展。整體來說，孔子比較寬容，不主張凡事依命而行，總是為人的作為留下餘地，又認為敵不過命運並不可恥，人只要完成人的那一部分就夠了，意志萬一戰勝不了命運，也不鼓勵人硬衝。

「不知禮，無以立也」此語也已見《季氏》篇16.13。禮是一種秩序，這秩序有點接近近代法律的定義，卻也不全然就是法律，禮更具有比較高的道德自覺性格，也就是講禮的話，比講法律更懂得要尊重自己也尊重別人，這尊重要說是法律所規定，不如說是人「主動」要去做的，即便沒有罰則，人也會去做的，這便是禮與法的不同處。人必須依循這種既存的秩序或原則，才可與他人共處，所以禮制對一個社會而言，是極為重要的，人如忽略，社會便無法形成，而人在混亂中也無法立身了。

「知言」是與「知人」合起來說的。當然知道別人言與意之間的關係，也會知道自己該如何「發言」了，這是另一層意思。《孟子》說：「我知言，我善養吾浩然之氣」，又說：「詖辭知其所蔽，淫辭知其所陷，邪詞知其所離，遁辭知其所窮」，做到這些便可謂知言了。可見對君子來說，知言是極為重要的，因為君子必須與人相處。

此章的君子，是指德、位兼具的人，從德的角度談，無須談到知人，但從位的角度言，就必須談到。如前面所說的，君子也追求有「外王」的事功的。「外王」就是從事福國利民的工作，不能獨立完成，必須與人合作，團隊越大、組織越強，就越有成效，所以知言與知人都極為重要。

雖然只三句話，卻從一個君子的獨處，談到走向社會與人共處的的三層經驗。反省命運在自己一生所有的影響，往往是獨處的時候，而「以立」與「知人」，就是跟別人或社會相處的經驗了。此章說的，可以說由內到外，由我到人，都涵蓋進去了。回顧《論語》之前所談，大約也都是在此範圍之內，因此視此為《論語》一書的總結，亦不為過。尹焞言：「知斯三者，則君子之事備矣。弟子記此以終篇，得無意乎？學者少而讀之，老而不知一言為可用，不幾於侮聖言者乎？夫子之罪人也，可不念哉？」

附錄

孔子年表

紀元	年齡	事蹟
551BC 魯襄公二十二年	孔子一歲	孔子生於魯昌平鄉陬邑。其先宋人。六世祖孔父嘉後，始姓孔氏。四世祖孔防叔之孫叔梁紇即孔子父。相傳孔子父與母顏氏嘗禱於尼山而生孔子，故名丘。
549BC 魯襄公二十四年	孔子三歲	父叔梁紇卒。
533BC 魯昭公九年	孔子十九歲	娶宋亓官氏女。
532BC 魯昭公十年	孔子二十歲	生子孔鯉，字伯魚。
525BC 魯昭公十七年	孔子二十七歲	郯子朝魯，孔子見之，從學古官制。

522BC 魯昭公二十年	孔子三十歲	琴張從遊，或更早，孔子始設教。之後顏無繇、仲由、曾點、冉伯牛、閔損、冉求、仲弓、顏回、高柴、公西赤等人先後從學。
518BC 魯昭公二十四年	孔子三十四歲	孟僖子將卒，命其二子孟懿子與南宮叔敬師事孔子，初習禮。
517BC 魯昭公二十五年	孔子三十五歲	魯昭公伐季孫氏，季孫、叔孫、孟孫三家抗之，昭公不敵，奔於齊。孔子也於此年適齊，在齊聞《韶》樂。齊景公嘗問政孔子。
516BC 魯昭公二十六年	孔子三十六歲	齊景公表明不用孔子，孔子返魯。
515BC 魯昭公二十七年	孔子三十七歲	吳季札適齊返，長子卒，葬之嬴博之間（齊魯之間之地），孔子嘗往觀其葬禮。

505BC	魯定公五年	孔子四十七歲	魯季孫氏卒，其家臣陽貨執其子季桓子，專權魯政。陽貨欲見孔子，促其出仕，孔子不允。
502BC	魯定公八年	孔子五十歲	魯三家攻陽貨，陽貨奔陽關。是年傳說公山弗擾召孔子，不果行。
501BC	魯定公九年	孔子五十一歲	孔子出仕，為魯中都宰，有政聲。
500BC	魯定公十年	孔子五十二歲	孔子由中都宰為司空，又為大司寇。相魯定公，與齊景公會於夾谷。
498BC	魯定公十二年	孔子五十四歲	孔子鑒於魯長期三家據地為亂，建議墮三都，起初成功，後進展遲緩，終告失敗。
497BC	魯定公十三年	孔子五十五歲	孔子在魯志不行，去魯，適衛。衛人端木賜從遊。

496BC 魯定公十四年	孔子五十六歲	離衛過匡，畏於匡。傳說晉佛肸來召，孔子欲往，不果。再返衛。
495BC 魯定公十五年	孔子五十七歲	見衛靈公，仕衛。也見靈公夫人南子。
93BC 魯哀公二年	孔子五十九歲	衛靈公問戰陣之事，孔子答以未學，已而決計去衛。後靈公卒，果去衛。
492BC 魯哀公三年	孔子六十歲	由衛至曹，又適宋。在宋遇桓魋欲殺之，後離宋適陳，遂仕於陳。
489BC 魯哀公六年	孔子六十三歲	吳伐陳，孔子去陳，與弟子絕糧陳、蔡間。後適蔡。又自蔡返陳，自陳返衛。之間嘗經楚，見楚葉公。在陳時有歸與之嘆。
488BC 魯哀公七年	孔子六十四歲	再仕於衛。

484BC　魯哀公十一年	孔子六十八歲	季康子召孔子，孔子返魯。此後絕意仕進，專心教育。有若、曾參、言偃、卜商、顓孫師先後從學。
483BC　魯哀公十二年	孔子六十九歲	子孔鯉卒。
481BC　魯哀公十四年	孔子七十一歲	魯西狩獲麟，孔子《春秋》絕筆。顏回卒。齊陳恒弒其君簡公，孔子請討之，不果。
480BC　魯哀公十五年	孔子七十二歲	仲由死於衛。
479BC　魯哀公十六年	孔子七十三歲	周曆四月己丑（十一日），孔子歿。

後記

這本書的正式寫作，大約花了我半年的時間，但從醞釀、構思到準備，時想時停，斷斷續續，算算竟花了三、四十年的光景，是很長的一段時間了。

《論語》大約是中國最重要的書，其重要可與西方的《聖經》相較，這是公認的事實。然而我讀《論語》很晚，我上小學時，受五四新文化運動的影響，語文課本上全是「的了嗎呢」的白話文，一篇文言文都沒有。大約到初一，我才接觸到一點有關《論語》的訊息，好像在國文課第一冊的第四課吧，選了篇《孔子與弟子言志》，便是《論語・公冶長》裡「盍各言爾志」那章（5.25）。教我們課的老師口才一般，沒說出什麼令我們折服的道理來，而我們鄉下小孩儲備的知識不夠，其實也沒「折服」的本領，也就含糊而過，未作深思。我中學之前的語文教育，不論中外，那些驚人的文化、文學的精華，我們幾乎一項都沒有碰到過，現在回想，那真是個荒涼的時代！

我們讀高中時，國文課除了課本之外，還有一種書名叫《中國文化基本教材》，必須上的，六個學期六本，內容全是從《四書》選出，其中《論語》的部分最重，篇幅占了全部六冊的三冊，也就是教材的一半，這是我真正接觸到《論語》的起始。但那時青春的烈火始熾，有許多「外騖」要競馳，我的外騖是閱讀令我目眩神迷的西方文學巨作，由英、法的小說開始，終於蘇俄的屠格涅夫、陀斯妥耶夫斯基、托爾斯泰和高爾基，一本一本的，閱讀不盡，眼前不斷翻轉著異國迷人的風景，我生活艱困，有時三餐不繼，弄得骨瘦如柴，身上的一點維持生存的養分，被閱讀帶來的那些昊天的幻想燃燒殆盡，我日復一日捧著那些書本，幾乎過著不見天日的生活。

除了翻譯小說之外，我也一度沉迷胡適，那段時候正是自己的叛逆期，我讀完他四大部的《胡適文存》，深深被他反傳統的理由所吸引。臺灣在中國的邊陲，當時我住的地方，更是臺灣偏僻的一角，而我腦中縈迴的，卻是包括廣大的領域與綿長的歷史的中國。但我腦中的那個中國，是個被吸鴉片的男人、裹小腳的女人所充滿，又是個被吃人的禮教所嚴控的扭曲社會，中國沒人身的自由，更缺乏人性的尊嚴，中國的道德虛假、歷史充滿了迷信，而我四周的現實世界雖然狹小，卻也歷歷在目的證實了其中的一部分……。

那時候我讀《論語》的條件還沒形成。我對中國抱著輕視的態度，不論當代或古代，在這情況下，是不可能展開我傳統文化的壯闊旅程的。

我很早就對上古歷史有興趣，我青年時讀到中國古史，裡面說最早的帝王都不是正常出生的，《史記》記殷以契為始祖，其母簡狄行浴之間，見玄鳥墮卵，「簡狄取吞之，因孕生契。」周的始祖后稷，其母為姜原，姜原一次在野外，見到一巨人足跡，也許為了好玩，將自己腳踐踏在足跡之上，《史記》寫道：「踐之而身動，如孕者，居期而生子。」其後秦的先祖母親又重複殷契的後塵，吞了玄鳥所生之卵，這些紀錄充滿明顯錯誤與迷信，都為我心中負面的情緒做了精準的注腳。

幸好碰到一個機會，讓我有反省的可能，正遇上舉世歡騰的耶誕節，連貧窮的臺灣也跟著瘋。耶誕節是慶祝基督教教主耶穌基督生日的重大節日，所有基督徒都堅信他們的主是上帝之子，耶穌基督的母親是未經一般人受孕的方式生下耶穌的，據《聖經》記載，是上帝藉「聖靈」（Holy Spirit）讓耶穌的母親懷孕。我突然想到，我們如「尊重」西方人說他們的教主非人所生，為什麼不能「容忍」中國人說我們帝王的母親是踐巨人之跡或吞玄鳥之卵而生的呢？古史往往是跟神話雜糅在一起的，這是一個由神權過渡到君權時代的必然呀。西方人用「三位一體」（Trinitas）的理論，來解釋他們神人同棲的方式，為何中國人用了同樣方式就不可以？

書逐漸讀多了，懷疑還是不變，但懷疑的主軸有點不同了，方向也隨之改變。後來我漸漸知道，談起吃人的禮教，五四人憧憬的西方，也是有「禮教」存在的，西方的禮教不像中國，由縉紳之士為主導，而是由更具權柄的教會來帶頭，不要說你不信教得受懲罰，解釋教義與權威有衝突，就得火刑侍候，以致死人無算，而且極其殘忍，就是科學家的主張有點與《聖經》所載不同，也得備受制裁，天文家哥白尼與數學家伽利略都是有名的受害者，證明西方禮教「吃人」的程度，比中國有過之而不及。還有西方也有極不公平的司法，也有極愚昧的歷史詮釋。這些事都很不光彩，要說也絕對是說不完的。歷史有偶爾蹦出的智慧火花，也有許多愚昧與不幸，不論東西世界都一樣。

我讀高中的時候，對《論語・陽貨篇》的一章十分反感，便是孔子說：「唯女子與小人為難養也，近之則不孫，遠之則怨」（17.25）那章，當時平權的想法甚盛，心中以為，孔子怎能把女子與小人同視，男女不該天生是平等的嗎？後來讀了《聖經》，也讀了一些通俗的佛教讀物，原來在偉大的宗教中，男跟女是完全不平等的，西方的民主觀念，也是到了二十世紀之後才比較「落實」到女性同胞身上，譬如美國，到一九二〇年之後，女子才有政治上的投票權。總之，男女是「該」平等的，但這平等不是「天生」就在那兒，是靠人類憑理性與努力，不斷爭取得來的，正如薩依德在《東方主義》（Edward W. Said,1935-2003: *Orientalism*）一書中所說：「現代化、啟蒙與民主之類的，絕不會像在客廳找復活節彩蛋一樣，是那麼簡單明瞭、普遍接納的觀念。」聖人是人，也受制於時代，不是凡事都能超越的，譬如孔孟時代人不知道有現代的民主政治，也不知道現代人有手機可用、有飛機可乘一樣。體悟到這些，才能用比較寬容的態度看中國與世界的歷史。

五四時代的人還喜歡作不當的切割，譬如說文言是落伍的，白話是進步的，更因為文言難懂，白話易懂，便說文言是「死文學」，白話是「活文學」，又說中國的一切落伍、外國的一切進步，東方的一切有罪、西方的一切可原諒。其實這樣「一刀切」是錯誤的。就先以文言白話之爭來看吧，我們拿《論語》中的「老者安之，朋友信之，少者懷之」與徐志摩的《我所知道的康橋》中的某些句子作比較，哪個更易懂、哪個更難懂呢？李白的「床前明月光，疑是地上霜」還有許多古詩古文，恐怕一直「活」在大多數中國人的心靈之中，到現在依舊靈動又生活化，並不如他們說是「死文學」的吧。

這種憬悟是逐漸形成，而非成於一日，釐清迷霧，用了我不少時間，但整體而言，是值得的。回頭來談《論語》。我讀大學後，開始比較能用心平氣和的方式看這本書了，不只是《論語》，也包括其他中西的書籍，慢慢的讓我看出了一點端倪。我逐漸覺察出《論語》是一本非常親和的書，裡面所記孔子與弟子的對話，都是平常話，所記的孔子跟弟子的生活，也是很平常的生活，所以說《論語》是本很親和的書，但裡面含有不少大道理。原來平常的語言、平常的生活是可以寓有大道理的。

《論語》可以匆匆讀，也可慢慢讀，不論怎麼讀，都可以開啟智慧，也可開啟心胸。清人以義理、考據、詞章來分析文章，細讀《論語》，可以得到各方的滿足，所以我主張要慢慢讀這本書的。讀者會發現，我在這本書上用了「老者安之，朋友信之，少者懷之」作為全書的題詞，這一方面是紀念我與《論語》的初次相遇，一方面是這三句話包括了太多的含意，值得我們反覆思考。我就以此章為例，以義理、考據、詞章的方式做一說明吧。

此章記的是孔子跟兩個弟子顏回與仲由聊天，聊到各人志願的事。首句是「顏淵季路侍」，「侍」是晚輩陪長輩的禮貌用詞，顏淵名顏回，字子淵，此處不直接叫他顏回而叫他顏淵，同樣仲由字子路，此處不直接叫他仲由，而叫他季路或子路，是為什麼呢？是這樣的，假如此章為顏回或仲由所記，當然得自稱是「回」或「由」了，但此章是由顏回或仲由的弟子或再傳弟子所記，依禮，同輩或晚輩不得直呼其名的，所以文中都以字稱之了，但孔子如叫他們，就直接叫「回」或「由」了，《論語》中有很多這樣的例子。由這樣小的地方，都看得出古人有條不紊，絲絲入扣，可見孔門是如何講究「禮」的。

當然此章的主旨不在言禮，而是顯示講起禮來，禮可以無處不在的。此章所談是人生的方向，《毛詩序》言：「詩者，志之所至也，在心為志，發言為詩。」人生的方向豈不是最該關懷的嗎？子路與顏淵，一個大氣慷慨，一個狷介清守，都相當與眾不同，等到子路問老師的志向，孔子不急不緩的說：「老者安之，朋友信之，少者懷之。」這平行又平穩的三句話，看起來聽起來一點也不覺得有什麼特別，但要細看細思，就知道其中的含意多麼豐富了。就像聽貝多芬第九號交響曲的第三樂章，標題寫的是《如歌的慢板》（Adagio molto e cantabile），你千萬不能以為只是如字面的注記而將其輕輕帶過，沒有這如歌般的慢板樂章，最後一樂章的主題《快樂頌》無法展開，其實

「善聽」的人在這緩緩的樂音中，已經聽到不久就要到來的大消息了。貝多芬用了德國大詩人席勒（Johann Christoph Friedrich von Schiller,1759-1805）終極關懷的詩做交響曲的結尾合唱，詩的主題是「世人都將成為兄弟」（Alle Menschen werden Brüder），其實席勒的這句詩像極了《論語》裡面的「四海之內皆兄弟也」（12.5），也跟《禮記．禮運篇》所記的「大同」理想極為近似，不同的是《論語》說得更具體，而《禮記》說得更全面，還有最大的差別是，席勒是十八到十九世紀的人，而《論語》或《禮記》都是兩千多年前的中國人所寫的書了。

其實孔子的這三句話，平穩無波的跟貝多芬的第三樂章一樣，而內容則如驚濤駭浪的包含了第四樂章的所有，我們試著細推演一下：「老者安之」是指要使老年的人過安定的生活，老人曾對我們的社會有所貢獻，他理該在老年時過承平的好日子。「朋友信之」指與我平行的人都能以誠信相待，朋友都能誠信相待，世上便無虛假的事。「少者懷之」指少年的人要懂得懷恩，這一方是要少年人謙遜，要懂得飲水思源，這是少年人的修養，另一方面，是要讓少年人有恩可懷，這便是「大人」的責任了。三句話沒一句唱高調，都是非常誠懇踏實的話。空間上，孔子關心世上的老、少還擴及一般人，幾乎包含了我們社會的所有。老者、朋友與少者，又象徵了時間上的過去、現在與未來，從時間上看，孔子的關懷更是久遠，這三句話與《禮記》說的「人不獨親其親，不獨子其子，使老有所終，壯有所用，幼有所長，鰥寡孤獨廢疾者皆有所養；男有分，女有歸」的說法是完全一致的，但卻更有力，因為還包括了時間的因素。

孔子關心所有的「人」，也關心人的各項層面，卻從不談怪力亂神的事，這是中國很早就走入「人文」社會的原因。西方自十四世紀文藝復興之後，史家常以「人文」程度為標準來檢視人類文明的進步與否，這一點我們不得不注意，在《論語》寫成五六百年之後，《聖經・新約》還有耶穌以五餅二魚來餵飽五千男眾，也有耶穌在水上行走的紀錄，相形之下，孔子一無神跡可顯，他不是神，其實也做不到，但他卻作出最高遠的人文關懷，我們可以說，人文精神是《論語》最珍貴之處，也是傳統中華文化最珍貴之處。

除了人文關懷之外，《論語》還記錄了孔子的寬容與博大，還有優美。我常覺得，孔子的道德是一種美學，道德在孔子而言不只是規範，而是優美的生活。子曰：「逝者如斯乎，不舍晝夜。」（9.16）語氣有點無奈，有點哀傷，但臨流感嘆，不是也帶著美的意含嗎？孔子又說：「不義而富且貴，於我如浮雲。」（7.15）指不義的富貴與我無干，算起來也很平常，區別是一般人說這話時往往陳義過高，又嚴詞逼人，而孔子說這話時，卻把情緒放緩了，以天空的浮雲相況，是多麼高明又優美的境界？

這優美其實還包含著寬容，意思是我雖絕對不要這不義的富貴，但世上有些人竟要了，也許是有不得已的苦衷在的，假如是生存所寄，我也無須對之指責鄙薄過甚，這是孔子謙和寬大之處。還有，儒家十分注意「禮」這個字，孔子答顏淵問雖說過：「非禮勿視，非禮勿聽，非禮勿言，非禮勿動」（12.1），但在孔子的說法裡，禮並不是那樣的硬邦邦的，禮是一種秩序，人雖嚮往自由，但人對秩序的要求，也是天生自成的，所以禮不見得與人性衝突，人既生活於社會，自須有些秩序的節制，儒家強調的禮是與人的至高感情結合的，是自覺而非他律的，不合至高感情的禮，才可能「吃人」，有情有禮的結果，人才可以在世上「立身」，故曰：「不學禮，無以立。」（16.13）

《論語》記的是孔子與弟子的言行，不是孔子所自記，應該是孔門弟子或再傳弟子所記，但整體上言，可信的居多，不可信的很少，不可盡信的如《季氏篇》的「邦君之妻」（16.14）與《微子篇》的「周有八士」（18.11）章，應是與《論語》無關的雜記，由於都在兩篇的最後，也許是後人在抄寫時無意抄入的。

但如置於一篇的中間，那些表面無關的章節，可能是有意放進的，而非誤入。譬如《微子篇》中有「大師摯適齊」一章（18.9），寫的是幾個宮廷樂師散落各方的情形，朱注引張載言：「周衰樂廢，夫子自衛反魯，一嘗治之，其後伶人賤工識樂之正。及魯益衰，三桓僭妄，自大師以下，皆知散之四方，逾河蹈海以去亂。」張載認為是寫孔子在時的魯國衰敗，其實此章與孔子或孔門弟子一無關係，因為文中的「亞飯」、「三飯」、「四飯」都不是周朝更不是魯國的制度，所以從考據學上言，此章有很多問題。《論語》為何存有此章呢？我以為《論語》的編者有更高的目的，或是想要讓《論語》這本書具有文學或美學的性格，此章主要顯示《論語》編者對孔子所處的時代有強烈的淪喪感或寥落感。孔子本人也有意志消沉的時候，當然他終於克服了，但他畢竟對他的時代是有淪喪感的，《子罕篇》記孔子嘆曰：「鳳鳥不至，河不出圖，吾已矣夫」（9.8），可見傷心的程度。我總覺得最高貴的人與最高貴的文學，都有這種情愫在其中的，杜甫的《秋興》、劉禹錫的《烏衣巷》與普魯斯特的《追憶似水年華》（Marcel Proust,1871-1922: *À la recherche du temps perdu*）都有強烈的淪喪感，這種淪喪感的目的不在讓我們墮落，而是讓我們體會人生在世最深沉的一面，讓我們知道，就算是聖人也會有遭時不順、意志蕭條的時候，王陽明在被貶謫到貴州龍場時曾說過：「聖人居此，更有何為？」羅曼・羅蘭在他的《約翰・克利斯朵夫》（Romain Rolland,1866-1944: *Jean-Christophe*）的前言上寫道：「戰士啊，當你知道世上受苦的不止你一個時，你定會減少痛苦，而你的希望也會在絕望中再生吧！」我想，要的就是這種體會。

《論語》值得作更多的美學探索，例子是舉不完的，我在書中試圖點出，讀者可細看全書。我後來讀《論語》，覺得比讀其他的書，內心更感到踏實又飽滿，而又洋溢著美感，這是我無論旅行或居家，身邊總會帶著的一本書。我常讀的是《論語》的白文，不太看別人的注解，當然反覆的閱讀，也必會接觸到歷來的各種注本，有時湧出一些自己的意見，與他人的說法有所不同，心想何不記下來呢，有這念頭，是自己剛開始在中學執教鞭的時候，真想寫，大約有三四十年之久了。

因為積累久了，真要寫時，心中有太多言語，下筆往往不能自休，也偶爾因過於強大的感懷或聯想而停下筆來，便這樣斷斷續續的花了半年的工夫，每天伏案幾乎十個小時，寫時累人，不寫時更傷神，終於完成了這本書。兩千年來留下的資料實在太多了，但因為目的在為普通讀者講析，必須要言不繁，我還是用朱子的《四書章句集注》為底本，因為這本最為通行，解說也較為允當，其間也參酌了古人時賢的一些有關著作。我讀《論語》時有自己的看法與想法，太屬於個人的意見，或者有些動了情緒的，我想放在之後要寫的《讀論語札記》中吧，也就不放在此書中了。

但一些不得不明說，譬如歷來解釋錯了，還是得指出的。像〈學而篇〉子夏曰：「賢賢易色」一章（1.7），朱子認為賢賢易色是指「賢人之賢，而易其好色之心。」把色字當成好色的意思解了，問題是當一人見賢者在座，是「很難」起好色之心的，所以朱子的說法是有問題的，但不幸是後儒多從朱說，當代的錢穆先生也解作：「謂以尊賢心改好色心。」明顯是採用了朱說，李澤厚先生雖有修正，注中引《論語正義》「猶言好德如好色也」之說而改成「愛好德行如同愛好容貌」，但還是不很清楚。我認為此處的「賢賢易色」是見到賢人在前，要收起平常輕漫之容色而肅然起敬，這例子不難找到，《為政篇》有：「色難。有事弟子服其勞，有酒食先生饌，曾是以為孝乎？」（2.8）其中的「色難」的色字即指人的容貌顏色而言。

還有歷來的注家都太在意儒家的純粹性，一涉及書中載有道家或其他派別的思想，就懷疑《論語》記載有誤，譬如《先進篇》有名的「浴沂歸詠」一章（11.25），後世就有人認為孔子不該稱許有道家思想的曾皙，而忽略了走儒家「正路」的子路、冉有、公西華等人，便有了像崔述一般的論斷說：「此章乃學老莊者之所偽託而後儒誤采之者。」其實道家很多思想不見得與儒家衝突，其中所涉的精神層面，也是高度相同的，孔子一生，也有「道不行，乘桴浮於海」（5.6）的喟嘆，在「鳳鳥」久盼不至的年代，聖人也偶會興起蕭瑟之感。還有此章寫的是孔子與弟子遊賞風景，正沐浴在怡然的春風之中，心情自不免隨之放鬆，便暫時放下修身、治國的心事，孔子讚嘆曾皙「浴沂歸詠」，認為他的說法更優美而自然，就並非不可思議了。在孔子或孔子稍後的時代，儒家與道家思想是可以相容的，這一方面可從《論語》中找到材料，一方面也可由《莊子》書中找到材料，譬如「莊學」中最重要的理論「心齋」、「坐忘」，都是舉孔子與顏淵為例的，這些都看得出來早期儒、道之間彼此相容的性格。這類的觀點，我在書中都試圖點明出來了。我想在這一部分，這本書也許有點化解壁壘的作用。

像這樣的例子很多，譬如禮與美學的關係，《論語》後半部偶出現孔門弟子衝突的問題，我常有與傳統不很相同的意見，這些意見，我在書中都點了出來。《論語》不是放在博物館的陳列品，它是活著的，《論語》既活著，就應讓它流轉不息，該讓它容許一些新的解釋在其中，這是我的想法。但傳統的注本也是極重要的，絕不可拋棄，為了求真，解釋可以修正，不可以全盤否定，因為是它使經典的生命延續下來，沒傳統的注本，《論語》早就消失了。

寫這樣一本書，有些是我個人的因素，還有外在的原因，我總是想到我們當今中國人的處境。有什麼當今中國人的處境要說的呢？這些說起來就比較複雜了。與其他歷史悠久民族相較，當今中國人所面對的問題有點特殊，像猶太與阿拉伯民族，到現在還要面對相當程度的生存壓力，百年前的中國是一樣的，否則沒有梁啟超《愛國歌》「每談黃禍讐且栗，百年噩夢駭西戎」之言了，而目前的中國，可以說已掙脫了那個壓力了。另外如埃及與印度，他們都能夠生存無虞，但在他們之間，缺乏一種強而有力的文化傳統來維繫凝聚他們的心，大部分的埃及與印度人無法說祖先的語言、用祖先的文字，他們雖然繼承著祖先的血液，卻大多數已與祖先斷了音訊。中國不同，所有認識漢字的中國人，幾乎可以透過書籍相當「直接」的與我們的祖先溝通，我們歷代祖先建構的文化價值，仍不絕如縷的存在於我們生命之中，比起那些種族，中國人的血管不僅流著祖先的血液，神經也如電網般傳遞著古早的訊息，直接又快速，而且一刻也未曾停止，整體而言，中國是「有根」的民族。這種現象在世界的文化圈中，是很少見的。

對當今中國的憂慮不是傳統消亡，而是扭曲。扭曲有時是無意，有時是有意。扭曲的禍害，比一點不剩的消亡更甚。完全消亡了傳統的人成了另一種人，也可以簡單的活著，而扭曲的人就成了不斷自毀自殘的人，結局可能就更為可懼了。這是我寫這本書的最大動機。我辛勤寫作，勉勵我的是這本書也許能為有心的中國人找出更多歷史的真相，讓我們重新認識一些既有的傳統，我相信，當我們不再扭曲我們的祖先與我們自己，我們便能更自信而且毫無愧怍的面對當今的世界。

有幾個朋友看了本書的部分，說寫的還不錯，認為一些地方恐怕有「超越」古人時賢之處，我說不敢當，我知道是獎掖鼓勵我的意思。我雖對一些歷來的解釋不以為然，有時不得已用了些批判的字眼，但態度是恭謹的，偶有一得之見，是因為我思考的夠久，而這本書又是新作，被我批評的古人時賢，不是沒有機會，或是來不及答辯，對他們而言，也有不公平處。也許再等些時候，有人認為我寫錯了，我曾自以為是的意見也是千瘡百孔的，也會用同樣方法對我了，我覺得，要是這樣也很好，不是說學問是天下的公器嗎？

戊戌冬至（二〇一八年十二月二十二日）寫於臺北永昌里詔安街舊居

癸卯春日（二〇二三年二月十七日）增補

文學叢書 708

INK PUBLISHING

台大教授的論語課（下）

作　　者　周志文
總 編 輯　初安民
責任編輯　宋敏菁　陳佳蓉
美術編輯　陳淑美
校　　對　孫家琦　周志文　宋敏菁　陳佳蓉

發 行 人　張書銘
出　　版　INK 印刻文學生活雜誌出版股份有限公司
新北市中和區建一路249號8樓
電話：02-22281626
傳真：02-22281598
e-mail：ink.book@msa.hinet.net
網　　址　舒讀網www.inksudu.com.tw

法律顧問　巨鼎博達法律事務所
施竣中律師
總 代 理　成陽出版股份有限公司
電話：03-3589000（代表號）
傳真：03-3556521
郵政劃撥　19785090 印刻文學生活雜誌出版股份有限公司
印　　刷　海王印刷事業股份有限公司

港澳總經銷　泛華發行代理有限公司
地　　址　香港新界將軍澳工業邨駿昌街7號2樓
電　　話　852-2798-2220
傳　　真　852-2796-5471
網　　址　www.gccd.com.hk

出版日期　2023年 5 月　初版
ISBN　978-986-387-655-7
定價　820元（上下冊不分售）

國家圖書館出版品預行編目(CIP)資料

台大教授的論語課（下）／周志文 著.
--初版. --新北市中和區：INK印刻文學，2023. 05
面；14.8 × 21公分. --（文學叢書；708）
ISBN　978-986-387-655-7（平裝）

1.論語　2.注釋

121.222　　112005670

舒讀網

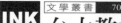